U0905114

北京国际交往中心建设研究丛书　　总主编　计金标

STUDIES ON BEIJING AS THE CENTER FOR INTERNATIONAL EXCHANGES

北京国际交往中心总论

A GENERAL INTRODUCTION TO THE CENTER FOR INTERNATIONAL EXCHANGES

梁昊光　等◎著

社会科学文献出版社
SOCIAL SCIENCES ACADEMIC PRESS (CHINA)

总 序

2017年9月29日正式发布的《北京城市总体规划（2016年—2035年）》，明确提出“北京城市战略定位是全国政治中心、文化中心、国际交往中心、科技创新中心”，国际交往中心建设由此进入快车道。“建设什么样的国际交往中心，怎样建设国际交往中心？”成为北京市迫切需要解决的一个重大课题。2019年9月，北京推进国际交往中心功能建设领导小组第一次会议提出了总体要求，要“努力打造国际交往活跃、国际化服务完善、国际影响力凸显的国际交往中心”。2019年12月印发的《北京推进国际交往中心功能建设行动计划（2019年—2022年）》进一步明确了北京国际交往中心要“不断强化重大国事活动服务保障、国际高端要素集聚承载、北京开放发展动力支撑、城市对外交往示范引领”的四大功能，提出了“努力打造中国特色大国外交核心承载地，加快建设国际交往活跃、国际化服务完善、国际影响力凸显的国际交往中心”的总体建设思路，以及“六大战略目标”和21项重点建设任务。

北京国际交往中心建设是一项多维度的系统工程，既需要北京市委市政府的总体布局、统筹谋划、协调推进，也需要加强整合各方的力量，形成央地协同、市区配合、部门联动的“一盘棋”格局，还需要充分发挥高等院校和科研机构的高端智库功能，就北京国际交往中心建设如何展现中国魅力、凸显北京特色，如何突出服务中心服务大局的导向，如何统筹运用国内国际两个市场、两种资源、两类规则，如何积极融入传统与现代、东方与西方文化元素，如何构建面向世界、面向全国的全方位、多层次、立体化的国际交往新格局等一系列问题，凝聚各种科研力量，积极开展相关研究和谋划工作，为推进落实北京国际交往中心建设提供决策参考和智力支持。

北京第二外国语学院作为北京市属高校中唯一的外国语大学，在国际交往中心建设的进程中，肩负着天然的使命和责任。学校主动与北京“四个中心”建设对接，立足于服务北京的战略目标和国际交往中心研究的特色视角，努力打造一支优秀的服务首都功能定位的学术团队，形成“研究院—研究中心—研究所”三级科研平台机制，整合与组建了首都国际交往中心研究院、首都对外文化传播研究院、中国公共政策翻译研究院、中国文化和旅游产业研究院、中国“一带一路”战略研究院、中国服务贸易研究院等 17 个科研机构，拥有文旅部文化和旅游研究基地、北京旅游发展研究基地、北京对外文化传播研究基地、首都对外文化贸易研究基地等 7 个省部级科研基地、1 个省部级协同创新中心——首都对外文化贸易与文化交流协同创新中心，以及秘鲁文化研究中心、白俄罗斯研究中心、阿拉伯研究中心等 7 个教育部国别和区域备案研究中心，形成较为完备的科研平台格局。学校加强高端特色智库建设，以积极组织撰写研究简报、蓝皮书、咨政报告、高端论著等多种形式对接国家战略和首都发展需求，产出了丰硕的学术和咨政成果，在北京形象建设、旅游产业政策、旅游大数据、“一带一路”投资与安全、服务贸易文化贸易、对外文化传播、国际文化交流等研究领域逐渐形成二外特色学术品牌。

为深入贯彻落实党的十九大精神，按照北京国际交往中心城市战略定位，学校把握时代脉搏，充分发挥自身优势，于 2018 年专门制定了《北京第二外国语学院服务“北京国际交往中心”建设行动计划》，以期在国家和北京外事工作的更高平台、更广领域中发挥作用，为北京国际交往中心建设贡献力量。自该行动计划实施以来，学校积极整合各学院和科研院所的研究力量，围绕北京国际交往中心建设问题，陆续开展了北京城市品牌形象传播、北京友城研究、北京国际形象调查、北京市国际交往中心语言环境建设等专题研究，向北京市委市政府以及相关委办局提交了多份咨政报告，得到了北京市委市政府及相关委办局的高度重视。2019 年 7 月，学校承担了北京市人民政府相关委办局委托的关于国际交往中心建设的研究任务。在各院系的通力合作下，历时半年多，学校高质量地完成了各项研究任务。本套丛书就是学校对北京国际交往中心建设这一重大课题前期研究的一个阶段性成果总结。

北京国际交往中心建设既是一项新事业，也是一个新课题，国内外相关研究成果相对较少。这套由我校中青年教师撰写的丛书，相信能够丰富北京国际交往中心的相关研究成果，充实北京国际交往中心的新内涵，为北京国际交往中心建设提供更多的国际经验。如果这些研究成果能够引起更多学者关注和思考国际交往中心建设，能为北京市有关部门推进国际交往中心建设提供一些决策参考，我们将感到无比欣慰。

是为序。

计金标

2020 年 1 月

目 录

前言
新型全球化推动国际交往中心建设

当前，经济全球化处在一个关键的十字路口。一方面，技术进步、产业变革和跨国资本流动进一步推动全球化进程；另一方面，近年来，发达资本主义国家推行的一系列保护主义、单边主义行动表明逆全球化浪潮在世界范围内强势登场。中国特色社会主义进入新时代，党的十九大报告提出“推动形成全面开放新格局”，中国开放的大门不会关闭，只会越开越大。党和国家毫不动摇地继续坚持对外开放的基本国策，继续走扩大开放的发展路线，推动形成全面开放新格局，为开展新时代城市对外交往工作提供了强有力的思想指引。在此背景下，城市对国家外交总体战略的服务和支撑作用日益凸显，为构建全面开放新格局提供了平台和抓手，也成为我国走向国际舞台、开展对外交往合作的重要主体。

建设国际交往中心表明了中国政府继续坚持对外开放的坚定决心，同时也为城市国际化的未来发展指引了正确方向。国际交往是指一个国家或城市与其他国家或城市在政治、经济、文化、科技、教育等方面的相互交流和学习，以维系双方友好关系、推进双方基于共同利益的相互合作。国际交往中心聚集国际高端要素，具有强大的服务全球、辐射世界的国际交往功能，在全球或地区发挥突出作用和影响力，是一种城市和联结城市之间相辅相成的动态网络的总和，具有聚集性、合作性、国际性、引领性和枢纽性特征。国际交往中心城市在全球化网络中处于控制和枢纽地位，承载了越来越丰富的国际交往功能。与侧重于城市间竞争关系的“世界城市”层级体系不同，国际交往中心在中心吸引力的基础上，更加强调城市间的合作关系。

北京是“一带一路”国际合作和中国主场外交的重要平台。北京建设国际交往中心是《北京城市总体规划（2016 年—2035 年）》提出的北京城市战略定位之一，是习近平总书记视察北京重要讲话中提出的首都核心功能之一。北京市委书记蔡奇多次就国际交往中心建设进行调研部署，强调要立足迈向中华民族伟大复兴的大国首都实际，适应重大国事活动常态化，前瞻性谋划涉外设施和能力建设，努力打造国际交往活跃、国际化服务完善、国际影响力凸显的国际交往中心。北京建设国际交往中心是一项在服务中国特色大国外交与改革开放发展需要的基础之上，打造北京友好城市交流合作国际平台，全面融入全球城市网络并形成国际多边合作协同效应，发挥城市外交在促进全球互联互通中独特作用的系统工程。国际交往中心建设有助于构建新型共同发展模式、新型国际协作模式、新型国际交往模式，是城市国际化发展的高级形态，有助于国家在提升城市国际化发展水平与参与全球交往水平的过程中，提高服务中国特色大国外交的能力，承担配合国家总体外交的重要使命。

建立伙伴关系，推动世界城市格局多极化。在包容发展的全球化时代，全球城市需要更高质量的发展。当前，全球格局朝着多极化方向发展，东亚地区的能级在不断提高，特别是以东京、北京、新加坡为代表的东亚城市，对全球城市格局的改变起到了很大的推动作用。全球城市呈现多极化、扁平化、网络化的新格局，全球顶级城市格局正在从以西方城市为主导走向东方城市崛起，“亚洲世纪”有望开启。本书深刻阐释了北京国际交往中心在建立伙伴关系、推动世界城市格局多极化方面起到的重要作用，以期在世界大变局下，使中国有机会成为全球供应链“双循环”体系的新枢纽，为全球发展增添新动能。探索学科交叉融合，实现城市发展理论创新。本书融合政治学、经济学、地理学等多学科，深入梳理国际交往中心的概念与内涵，探析伦敦、纽约、巴黎、东京等世界城市开展国际交往工作的做法和经验，阐明北京建设国际交往中心取得的进展和面临的挑战。“一带一路”数据分析与决策支持北京市重点实验室在此基础上首次提出构建国际交往中心的“钻石同心圆”理论模型，创新城市发展理论。“钻石同心圆”理论认为，国际交往中心作为一个具备全球功能的城市体，其“中心性”在全球的竞争力取决于六大要素，即核心竞争力、市场需求、产业支撑、协同-竞争、机遇促进、政府作用。“钻石六要素”围绕核心竞争力互相作用，对国际交往活动具有强烈的吸引力，以其为中心向同心圆的圈层辐射。内圈是城市自身发展，致力于促进民族复兴，构建中华民族共同体；外圈是区域、全球进步，致力于促进世界和平与发展，构建人类命运共同体。

在上述理论框架的指引下，本书提出，应以大国外交的重要支点、全球交往的支撑平台、国家形象的“印象之城”、生态智慧的“宜居之城”、国际科创的引领之城、国内发展的带动之城为着力点，深入探索北京建设国际交往中心的新路径。为此，北京将充分发挥政治优势、经济优势、科技优势和文化优势等，打造北京友好城市交流合作平台，积极推进北京国际交往中心建设。

国家治理是当代中国的重大战略考量，我国城市对外交往已纳入国家顶层设计，成为国家治理体系和治理能力现代化建设的重要内容，而国际交往中心则是实施国家治理战略的重要依托。北京是中国所倡导的新型国际关系的主场，也是国家治理的“心脏”。本书作为相关领域研究的创新之作，旨在为北京国际交往中心建设提供智力支持，在推进北京“四个中心”建设的基础上，提升北京国际交往的影响力和话语权，积极响应全球治理体系和国际秩序变革，提出国际交往中心建设的相关机制和框架，进一步提升首都北京的开放发展水平，为新时代中国的全球开放合作提供有力支撑，同时推动国家治理向更高层次的发展格局不断迈进。

第一章 国际交往中心的概念与内涵

世界多极化、经济全球化、文化多样化、科技创新网络化、国际交往紧密化已经成为现代社会发展的基本特征。这些发展特征加速了相应发展要素的全球化流转和配置，不断建立和形成新的世界政治经济格局，在这一过程中，城市作为资源要素流转和配置的节点，不断呈现新型的空间形态与城市功能。

区别于传统的政治功能、经济功能与文化功能，在全球化网络中居控制和枢纽地位的国际城市承载了越来越丰富的国际交往功能。国际交往是指一个国家或城市与其他国家或城市在政治、经济、文化、科技、教育等方面的相互交流和学习，以维系双方友好合作关系，推进双方基于共同利益的相互发展。其中，国际影响力和辐射力较大的城市逐渐发展成为国际交往中心。[①] 本书在评析世界城市相关概念的基础上，从世界城市国际交往功能凸显的视角切入，明确了国际交往中心的基本概念、核心特征与内涵等一系列基本问题。

第一节 国际交往中心的基本概念及其与世界城市的关系

从实践层面看，资本拉开了经济全球化大幕，给世界带来了新的文

① 刘波：《广州城市国际化发展报告（2019）：建设国际交往中心》，社会科学文献出版社，2019。

明。世界城市理论认为，世界城市是经济全球化的产物，是全球化经济社会运作在空间上的节点，具有世界性生产与服务要素聚集和配置功能，是全球化经济的受益城市和有力的推动力量。在城市间的关系这个维度，世界城市的概念构建了一套层级体系，在这套体系下，城市通过“打败”竞争对手来步入层级体系的前列，因此这套层级体系侧重于强调城市之间的竞争关系。但也要看到，资本主宰下的经济全球化既带有先天资本缺陷，又生出诸多后天顽疾。在新的历史条件下，全球经济发展面临重重困难和诸多挑战。为了更好地破解城市之间的竞争与合作难题，构建新型共同发展模式、新型国际协作模式、新型国际交往模式，科学认识和构建国际交往中心显得极其重要。

一　国际交往中心的基本概念

国际交往中心是那些在彼此联结的城市网络体系居于“交往中心”的城市，是国际高端要素聚集，具有强大的辐射世界、服务全球的国际交往功能，在全球或地区发挥突出作用和影响力的城市。[①] 该定义阐述了国际交往中心的静态样貌，但未表明城市之间动态的、交互式的关系。国际交往中心是“软硬兼备”（软件设施和硬件设施兼备），国际高端要素聚集，具有强大的辐射世界、服务全球的国际交往功能，在全球或地区发挥突出作用和影响力的城市和联结城市之间的互补互促的动态网的总和。其中，城市是网络的节点，城市间互补互促的动态关系是网，国际交往中心是联结节点的网络综合。

二　国际交往中心与世界城市的关系

1789 年，德国诗人歌德（Goethe）把当时的罗马和巴黎描述为“世界城市”。1915 年，英国学者帕特里克·格迪斯（Geddes）在其所

---

① 刘波：《广州城市国际化发展报告（2019）：建设国际交往中心》，社会科学文献出版社，2019。

著的《进化中的城市——城市规划与城市研究导论》一书中提出了“世界城市”的概念，即“世界最重要的商务活动绝大部分须在其中进行的那些城市”。[①] 1966年，英国城市地理学家霍尔（Hall）对世界城市进行了较全面的解释，即专指那些已对全世界或大多数国家经济、政治、文化产生影响的国际第一流大都市，具体包括以下几个方面的内涵：主要的政治权力中心；国家的贸易中心；主要银行所在地和国家金融中心；各类专业人才聚集的中心；信息汇集和传播的地方；大的人口中心，而且集中了相当比例的富裕阶层人口；娱乐业已成为重要的产业部门。1995年，著名学者萨森（Sassen）提出，全球城市就是那些能为跨国公司全球经济运作和管理提供良好服务和通信设施的地点，是跨国公司总部的聚集地。全球城市具有以下四个基本特征：高度集中化的世界经济控制中心；金融和特殊服务业的主要所在地；包括创新生产在内的主导产业的生产场所；作为产品和创新的市场。虽然学术界对世界城市的研究有一定历史，但到目前为止并没有确定一个被各方面所接受的概念。[②]

综合已有的研究成果，本书将采纳以下概念及内涵：世界城市，又称为全球城市，是国际城市的高端形态、城市国际化水平的高端标志，指在政治、经济、文化和社会层面直接影响全球事务的城市。世界城市的具体内涵可以概括为三个方面。一是国际影响力巨大，这是软实力的外在表现，是引领时代潮流的主导力量。世界城市的影响力既有文化和舆论的力量，也有组织和制度的力量。这种影响力主要体现在城市综合创新体系、国际交往能力、文化软实力和全球化的治理结构等方面。二是经济实力雄厚，主要表现为经济总量大，人均GDP高，以现代产业体系为核心的后工业化经济结构明显，国际总部聚集度强。三是国际高端资源流量与交易量巨大，主要表现为高端人才集聚，信息化水平高，

① 〔英〕帕特里克·格迪斯：《进化中的城市——城市规划与城市研究导论》，李浩、吴骏莲、叶冬青等译，中国建筑工业出版社，2012。

② 谢守红、宁越敏：《世界城市研究综述》，《地理科学进展》2004年第5期，第56~66页。

科技创新能力强，金融国际竞争力和现代化、立体化的综合交通体系较为完备。世界城市是指具有世界影响力、聚集世界高端企业总部和人才的城市，是国际活动召集地、国际会议之城、国际旅游目的地。

回顾世界城市（全球城市）概念的发展历程，我们发现，与侧重于强调城市间竞争关系的“世界城市”层级体系不同，国际交往中心是在中心吸引力的基础上，更加强调城市间的合作关系。

第二节　国际交往中心的核心特征

一　聚集性特征

人才、知识和技术等大量创新要素的有效聚集是国际交往中心的基本特征。城市是一个由基础设施、人类活动和社会联系组成的复杂动态系统，是人口、经济活动等城市要素聚集且相互影响、共同作用的空间范围和要素系统。[①] 在知识和创新经济时代，国际交往中心所聚集的不仅有经济要素，还有文化、社会以及制度等多维要素，这些要素相互关联、紧密合作并协同发展，形成相互支撑、依存的具有高效益和强竞争力的动态网络系统，最终形成吸引全球高端要素的巨大能量场。因此，作为国际交往中心，大量国际交往资源要素在某一城市地域空间范围内的高度聚集是其基本特征。

二　合作性特征

合作性特征是指国际交往中心所聚集的各种资源要素建立在多种具有差异性或互补性的相互独立个体（或成员）的基础上，各合作主体遵循相互尊重、平等互利、协商一致、自主自愿的原则，最终通过集体

① 焦利民、李泽慧、许刚等：《武汉市城市空间集聚要素的分布特征与模式》，《地理学报》2017年第8期，第1432～1443页。

行动产生“共赢”的协同效应。

三　国际性特征

国际交往中心的国际性特征是国际交往中心的重要特征，是城市在经济、文化和服务等领域，跨越国界在全球范围内发挥城市集散、辐射和影响力功能的体现。主要体现在以下两个方面：其一，国际交往中心城市资源要素具有国际性，国际组织、国际机构、国际性人才等，作为国际交往中心的交往主体和载体，使得城市具备较高的外向度；其二，国际交往中心城市的辐射与服务范围跨越国界，拥有强大的国际影响力和引导力。

四　引领性特征

示范引领是国际交往中心的功能之一，引领性特征是软实力的外在表现，国际交往中心国际影响力巨大，是引领时代潮流和国际发展的主导力量。国际交往中心的引领性特征既有政治、经济、科技等方面的力量，也有文化、环境等方面的力量。

坚持国际交往中心建设的核心引领作用，从国际、国内层面打造沿线网络城市的国际交往核心节点，服务我国国际交流和外事外交活动，建设具有全球影响力的大国首都。国际交往中心既要注重城市在经济、金融、科技等方面的实力，对国际经济和贸易要有一定的引领能力，更要注重对发展和创新的引领。同时，国际交往中心要具备发展的潜力，能引领未来的城市必定是“智慧城市”或“创新城市”。

五　枢纽性特征

国际交往中心是由交往活动构成的区域网络中一个持续汇聚与扩散的核心节点，具有很强的枢纽性特征，即突破传统中心地和纵向分级理论束缚，将城市在全球和国家城市网络中发挥的枢纽节点作用作为中心城市的首要因素。[①]

从国际视角来看，国际交往中心具备枢纽性特征，在全球化网络中占据控制和枢纽地位。如伦敦国际化功能的发展历程为：以航运中心为基础的国际交通枢纽——→基于工业技术建立的国际区域性制造中心——→由国际发展要素聚集而成的国际贸易和金融中心——→国际服务中心——→全球顶级国际化大都市。国际交通枢纽的定位助推伦敦国际制造、国际金融和贸易的发展；作为美国的贸易中心、轻工业制造中心、金融中心及全球跨国公司总部所在地，伴随着服务业的发展，金融、商务、投资及科技等相关领域发展步伐加快，纽约经济进一步发展，促使具有枢纽性、控制性、聚集性特征的发展要素集聚纽约曼哈顿，使曼哈顿成为纽约乃至世界的国际金融中心、投资中心和科技中心；巴黎作为全球浪漫之都、时尚之都和文化之都，是欧洲的政治、文化和艺术中心，同时成为全球贸易和商业枢纽中心。[②]

从国内视角来看，为了打造世界金融、科技、交通等领域的枢纽，政府大力支持国际金融组织等入驻，并建立世界大数据中心和世界数据流动枢纽，凸显国际交往中心枢纽性特征。综观国际化大都市，建立国际交通枢纽中心是其成为国际化大都市的重要助推器。在中国，北京大兴国际机场定位为大型国际航空枢纽，项目总占地面积约 4.05 万亩，机场工程总投资 800 亿元。2021 年和 2025 年将分别实现旅客吞吐量 4500 万人次、7200 万人次，远期将超过 1 亿人次，是世界吞吐量最大的单体航站楼。[③] 规划建设北京大兴国际机场表明，北京形成了“一市两场”国际双枢纽的格局，国际交往中心的功能也将得到增强，是促进国家发展的新动力，是展示大国形象的“新国门”。

---

① 尹稚、卢庆强、欧阳鹏：《基于国家战略视野的国家中心城市建设》，《北京规划建设》2017 年第 1 期，第 6~10 页。

② 张帅兵：《西安国际化功能布局研究》，硕士学位论文，西北大学，2019。

③ 王建宙等：《凤凰涅槃，工程咨询匠心助就“国之重器”——记北京大兴国际机场项目前期研究十二年》，《中国工程咨询》2019 年第 10 期，第 7~12 页。

第三节　国际交往中心的内涵

国际交往中心是“软硬兼备”的节点。国际交往中心提供完善便捷化的硬件设施，包括涉外服务设施；国际交往中心拥有优质人性化的软件服务系统，包括城市综合运行服务保障平台（例如常态化运行保障平台、标准化资源供给平台、多元化要素聚集平台、立体化交流合作平台、便利化公共服务平台和品牌化城市推介平台）①、完善的工作制度和流程以及优化的运行机制。

国际交往中心具有强大的辐射世界、服务全球的国际交往功能，是国际高端要素聚集在全球或地区发挥突出作用和影响力的节点。

一　国际交往中心是人类命运共同体的重要实践

人类命运共同体理念提出了新时代全球化发展的指导方案，既具有世界历史必然性，又符合经济全球化的发展要求，以互利共赢的利益共同体、各尽所能的责任共同体、掷地有声的行动共同体推动经济全球化健康发展。国际交往中心的建设与发展需要多样性文化交融，以绿色发展和可持续合作为原则，通过发展理念和经验互联互通，促进世界和平稳定，加深人类文明互鉴，助推全球发展繁荣，是建设利益共创、责任共担、情感共鸣的人类命运共同体的重要实践。

通过促进文化交融，国际交往中心促进世界和平稳定，加深文明互鉴，实践情感共鸣。民心相通是国际交往中心的重要特质，以此为基础，公共外交、城市外交和民间外交作为国家外交的重要支撑，助力深化各领域人文合作，凝聚共识和情感。文化深度交融让各方更形象、更充分地了解相互的文化与历史，从而超越分歧，搁置差异，激发各方在

① 熊九玲：《对标初心使命　建设国际交往中心》，《前线》2019年第7期，第24~26页。

共识中共建、在共建中共赢的自动力。[①]

通过连接利益、责任和使命，国际交往中心全面提升可持续发展水平，深度互动，共商发展，实践责任共担的联动共同体。国际交往中心是绿色发展的示范引领，它连接开发与保护，连接公平性与持续性，连接当前利益与长远利益。绿色发展是国际交往中心的核心内容，要求国际社会携手同行，共谋全球生态文明建设之路。各国在对外交往中相互尊重、平等相待，实现合作共赢、共同发展。在空间格局、产业结构、生产方式、生活方式以及价值理念、制度体制等方面坚持绿色发展，需要世界各国休戚与共，携手前行，共迎挑战。[②]

通过推广互联互通发展理念，国际交往中心助推全球发展繁荣，提升互信互知，构建利益共创的发展共同体。在世界多极化、经济全球化和国际关系民主化的形势下，各国联系愈加紧密，大国之间有很多利益共同点和交汇点。在多元共生的国际社会里处理大国关系，包容共进是最佳选择。人类命运共同体的构建要求国际交往更加紧密，国际关系不断调整。国际交往中心可以加强各国、各地区以及各个城市之间的联系，构建动态关系网络，以双边、周边、次区域、区域、跨洲和全球合作等形式推动构建发展共同体的实践；同时，国际交往中心关注生态保护、科技创新、文化体育、医疗卫生等全球性议题，有助于人类命运共同体理念落地生根。

二　国际交往中心是全球城市治理现代化的重要体现

参与全球治理是城市作为国际交往中心最重要的功能，国际交往中心定位为国际交往活跃、国际化服务完善、国际影响力凸显的重大国际活动聚集之都，作为主权国家对外交往的名片和窗口，其承担着大量官

① 张耀军：《“一带一路”：人类命运共同体的重要实践路径》，《人民论坛》2017 年第 30 期，第 46~47 页。

② 梁昊光：《人类命运共同体的实践路径》，《人民论坛》2017 年第 28 期，第 46~47 页。

方外交责任和民间外交责任，能够在全球发展和治理中发挥重要作用。

政治上，国际交往中心强调巩固和发展国际秩序，推动形成共商共建共享的全球治理新格局。国际交往中心深度参与政治活动。政府之间开展外交活动可以体现城市的国际政治职能，提高城市参与国家外交的广度，帮助城市积累参与多边外交活动的经验以及提高城市对国际组织的吸引力等，从而提高国家总体实力，在全球城市治理现代化的进程中国际交往中心扮演着关键的推动者和执行者角色。

同时，与各个城市保持密切联系以及城市间动态关系网络联结功能的完善是国际交往中心建设成熟的重要标志，也是提升全球城市治理现代化水平的重要体现。在这种联系和网络联结功能的强化过程中，国际交往中心的服务保障、集聚承载、动力支撑和示范引领等城市治理功能得到凸显。①

服务保障功能是国际交往中心的首要功能，也是国际交往中心建设的根本和前提。首先，强大的国际交往功能能够服务城市高质量发展。国际性企业、金融机构、跨国公司等总部进驻国际交往中心，会对城市本身及所在国家和地区做出重大经济贡献。其次，为国家外事活动提供强有力的综合保障。国际交往中心建立健全的重大国事活动服务保障长效机制，拥有特色鲜明的外事活动场所、丰富的服务人才资源、健康的国际化人文环境。最后，完备的硬件设施可以为高水平城市服务提供保障。大型国际会展设施、世界级枢纽航空口岸、先进的网络基础设施服务、完善的公共安全管理系统等是国际交往中心提供高水平城市服务的重要支撑。

集聚承载功能是指资源的集聚和交往职能的承载。国际交往中心是符合自身功能定位的国际高端要素的聚集地，跨国企业总部、知名金融机构、高端研发中心及国际组织的所在地，国际会展及国际文化和体育

① 熊九玲：《对标初心使命　建设国际交往中心》，《前线》2019 年第 7 期，第 24～26 页；梁昊光：《人类命运共同体的实践路径》，《人民论坛》2017 年第 28 期，第 46～47 页。

活动的举办地。作为“国际会客厅”，国际交往中心承办国家外交、公共外交和民间外交活动，承载着宣传各国国家形象的职能，肩负着构建人类命运共同体的使命。

动力支撑功能是国际交往中心国际合作与竞争优势的体现。全球性合作与竞争能够为完善基础设施、优化产业布局、引领科技创新等提供强大的动力源泉和有力的战略支撑。国际交往中心提供城市发展所必需的创新动力，支撑基础设施建设更具前瞻性、包容性、示范性、协同性、引导性、系统性、动态性，支撑有充足战略空间的金融、文化、科技服务、旅游业等新兴行业大力发展，支撑科技智力资源的内部挖掘和世界创新网络的枢纽性节点建设。

示范引领功能是国际交往中心的魅力所在，也是国际交往中心的形象呈现。国际交往中心是国家形象传播的示范之城，使城市精神互联，文化传统互知，文化创新互鉴，文化传播互通；国际交往中心是人才培养的示范之城，可以优化国际教育环境，畅通人才吸引路径，丰富学术交流渠道；国际交往中心是生态宜居的示范之城，可以持续改善城市生态环境，加强生物多样性保护，科学保护与开发城市生态文化资源。

三　国际交往中心是全面开放的国际城市关系主体框架

随着经济全球化的发展，城市成为最直接的影响者，在自身利益、国家授意和全球化三重因素的共同驱动下，城市参与国际事务的意愿和能力不断增强，在国际关系中日益发挥重要的作用。① 在此背景下，城市对国家外交总体战略和对外开放的服务和支撑作用凸显，成为全面开放格局形成的重要平台，也成为国家走向国际舞台的重要载体。国际交往中心正是城市国际化和对外交往综合程度达到高级阶段的产物，是国际大都市在世界城市体系地位迅速上升、对外联系日益紧密的综合体

① 郭佳丽：《“一带一路”背景下的城市外交新模式》，硕士学位论文，外交学院，2017。

现，是全面开放的国际城市关系主体框架。

当前，全球逐渐形成了全面开放的国际城市关系网络。国际体系正在经历深刻调整，在全球化影响下，国际体系中的行为体从主权国家扩大到城市、非政府组织、跨国公司等次国家行为体或非国家行为体。外交工作的内涵和外延持续拓展，参与主体呈现多元化趋势，内容更加丰富，形态更加多样，城市外交、公共外交等非传统外交方兴未艾。城市参与国际事务的意愿和能力不断增强，在国际关系中日益发挥重要的作用。随着对外开放领域不断扩大，城市的对外交往能力在自身经济社会发展和全球化不断纵深发展双重作用下不断提升，在国际事务中的影响力与日俱增，城市之间的互动越来越频繁，联系越来越紧密。经济全球化、一体化和社会信息化的日益加快，使得国际城市逐渐成为一个极大的、扁平的、互相交织的网络。

国际交往中心是全面开放的国际城市关系主体框架。按照在全球网络中的融入程度和连接能力，参与对外交往的城市可大致划分为中心城市、枢纽城市、节点城市等多个层次，国际交往中心就是城市国际化和对外交往综合程度达到高级阶段的产物。① 国际交往中心以重要的资源要素配置能力为基础，以国际高端会议为平台，以公共外交为核心内容，以总部经济为基础动力，充分发挥在政治、经济、文化和科技等各个领域的优势，搭建全面开放的国际城市关系主体框架。

以国际高端会议为平台，系统构建国际城市关系主体框架。国际高端会议是国际交往中心的主要平台，是国际重大活动举办首选地，国际会议即多国代表为解决互相关心的国际问题、协调彼此利益，在充分讨论的基础上采取共同行动（如通过决议、达成协议、签订条约等）而举行的多边集会，包括和平会议、外交会议、经济会议、政治会议和军事会议等。国际高端会议的举办是国际交往中心交流平台作用的体现，

① 尹涛：《广州城市国际化发展报告》，社会科学文献出版社，2019。

举办经济、文化、智库论坛等各个领域、多种形式的国际高端会议，可以汇聚全球高端要素，将城市深深融入世界体系，系统搭建国际城市关系主体框架。

以公共外交为核心内容，推动构建开放的国际城市关系。全球地方化与地方全球化的深入演绎，使得国际交往中心在对外交往中的积极性与主动性逐渐提升，城市公共外交的内在动力和外在拉力被充分激活，能够吸引各个领域、各个层面的交往主体以更加创新多元的形式、更加灵活弹性的内容丰富公共外交实践，推动构建开放的国际城市关系。

以总部经济为基础动力，支撑国际城市关系主体框架。总部经济是国际交往中心的基础动力。跨国经济贸易是国际交往活动的基础，跨国公司是推动经济全球化的主要动力，作为全球网络中的重要节点，促进了国际产业分工的深化和区域经济合作的加强，也带动了总部及各节点所在城市的国际交往活动。[①] 随着由跨国公司主导的全球价值链在全球蔓延，世界各地总部经济蓬勃发展。纽约、新加坡、东京等城市成为令人瞩目的世界各地跨国公司总部集聚的中心城市。在中国凭借制度优势和广阔市场融入全球生产布局之后，北京、上海、深圳等地涌现出一批跨国公司的区域总部或功能总部，为经济发展注入强大动能。[②] 国际交往中心城市基于各自特征，发展出各具特色的总部经济，支撑国际城市关系主体框架。

第四节　主要世界城市国际交往功能发展的经验借鉴

一座城市能够发展成为世界城市，说明其国际化水平达到了顶尖水

① 尹涛：《广州城市国际化发展报告》，社会科学文献出版社，2019。

② 陈思萌、王维：《国内外发展总部经济的经验借鉴》，《群众》2019 年第 16 期，第 26~27 页。

平。英国伦敦、美国纽约、法国巴黎、日本东京在传统上被认为是“四大世界城市”，它们的发展与其国际交往功能的发展密切相关，在世界人才会聚中心、全球国际金融中心、世界文化艺术中心、世界信息聚集中心的建设方面，这四个世界城市为我们提供了值得借鉴的经验。

一 伦敦：最具吸引力的世界人才会聚中心

伦敦凭借拥有众多世界一流大学和受过高等教育的劳动力，成为世界人才会聚中心，同时也是全球最具创新力的城市之一。据统计，伦敦劳动力市场上有近59%的人受过高等教育，而全球平均水平仅为34%；近15%的劳动力受雇于高科技行业，为科技初创企业提供的风险投资金额也是世界上最高的。

伦敦人口结构合理，年轻人口占比很高，文化多元，这意味着整个城市充满活力和创新力，朝气蓬勃，具有发展潜力。同时，年轻人才的聚集能够形成一个富有竞争力的劳动力市场，将吸引更多的企业在此投资，形成人才促发展、发展引人才的良性循环。

英国的高等教育水平享誉全球，其教育制度优良、教育体系完善、教学质量高。历经数百年的发展，英国拥有一批世界知名的大学。伦敦更是世界高等教育机构最集中的城市之一，不但有顶级的综合性大学，还有世界一流的专业学院。凭借优质的教育资源，全球广泛认可的学历资格，以及质量高、种类多、学制短等特点，英国已成为全球高等教育最好的国家之一，几乎每年都会有来自全球200多个国家和地区的十几万名留学生来此深造，其中中国大陆学生数量最多、增长最快，自2011年以来，到伦敦的中国大陆留学生增加了近90%，目前已超过2.1万人，高居伦敦国际学生总数榜榜首。[①]

伦敦是世界上最大的金融中心，金融业是伦敦的支柱产业，伦敦是

① 《伦敦留学生显著增加 中国学生人数最多》，新华网，2019年3月7日，http://www.xinhuanet.com/2019-03/07/c_1124204282.htm。

全球最重要的银行、保险、外汇、期货和航运中心，有 19 家世界 500 强企业的总部位于伦敦，75%的世界 500 强企业在伦敦金融城设有分公司或办事处。[①] 此外，因为全球大约 45%的货币业务是在伦敦完成交易，全世界的跨国公司和金融机构基本上均在伦敦设有分支机构。[②] 对于想要投资的企业家来说，伦敦必然是首要选择，资本的流入能够吸引全球各地的高等人才会聚于此。此外，政府致力于保持强大的经济实力和稳定的政策框架，在世界各地树立积极、开放和友好的国家形象，对创业投资者不断推出优惠保护政策。

英国首倡并推行了风靡全球的“创意产业”（Creative Industry）概念，并将其作为一种国家产业政策和战略。目前，创意产业已发展成为英国雇佣就业人口最多的产业，是继金融业之后的第二大支柱型产业。年轻人才在多媒体、娱乐业和时尚业中发挥他们的创意才能，为全世界各大公司的猎头所青睐。

二　纽约：当之无愧的全球国际金融中心

“华尔街”三个字是美国金融的标志、纽约的标志，是纽约作为全球国际金融中心之一的标志。华尔街的一举一动牵动着全球金融活动的神经。纽约成为全球国际金融中心、全球城市，是第一次世界大战结束之后的事。而布雷顿森林体系将纽约推向了巅峰，使纽约成为顶端的全球城市，使纽约成为继伦敦之后的全球第二个国际金融中心。[③]

15 世纪大航海时代，欧洲人踏足北美，英国人将这片土地称为“New York City”，纽约因其优良的海港条件越来越受到重视，逐渐发展

---

① 《世界十大金融中心之一——伦敦》，网易号，2019 年 6 月 24 日，http://dy.163.com/v2/article/detail/EIFLSCQ40525F9FS.html。

② 《伦敦吸引人才能力世界第一！为什么全世界的青年才俊都看好伦敦?》，天眼查，2019 年 6 月 14 日，https://mnews.tianyancha.com/detail/fae60fbd9aedb5cc0b6671646e40bd72e457748e.html。

③ 任寿根：《建设顶端型全球城市　纽约经验可资借鉴》，《证券时报》2019 年 10 月 10 日，第 A03 版。

成为贸易港口和区域金融中心。19 世纪初，因修建伊利运河，纽约州发行运河债券，一下子激起了华尔街的热情，自此华尔街一战成名，接下来发行的铁路债券和战争债券让其获利颇丰。而伊利运河的开通，使得纽约的贸易量超越了费城、波士顿等区域金融中心，纽约强大的经济实力和广阔的证券投资前景，吸引了美国各地的资金。

纽约国际金融中心的建立始于 19 世纪初，大量金融机构向纽约聚集，使金融资本服务港口的功能逐步增强，实体经济逐步发展，两者形成良性循环，又进一步促进了纽约金融业的发展。

纽约金融业的成功，与其创新的金融制度密不可分。1829 年，纽约创立了安全基金制度：要求每个拥有州特许状的银行拨出总资本的 3%，存放在一个由政府专门管理的基金机构里，当银行破产倒闭时，由该机构支付债权人的损失。1838 年，纽约创设了“自由银行制”，为了避免行政审批阻碍银行的发展，该制度规定任何个人和团体，只要拥有 10 万美元的资本，就可以开设银行。这一制度促使纽约银行以绝对优势超越了当时的金融中心费城。在美国金融史上，纽约最早建立了方便、快捷、安全的清算制度。1853 年，纽约清算公司正式成立，该公司每天对成员银行的票据进行结算、轧平和对冲，防止某一银行因积累过多的差额造成货币储备率低，从而在货币市场争夺资金。①

一战结束后，美国由战前的债务国变为债权国，经济得到快速发展。同一时期，伦敦因为战乱，相对衰落，英镑地位开始下降，美元在世界货币中的地位上升。国际金融中心开始从伦敦向纽约转移。二战时，因为远离战场，美国安全可靠的金融环境吸引了大量资本。1944 年，在美国召开的布雷顿森林会议最终确立了美元的地位：美元与黄金挂钩，各国货币根据含金量与美元挂钩，实行固定兑换美元汇率。这也进一步确立了纽约全球国际金融中心的地位。

① 郭保强：《从费城到纽约——美国金融中心的变迁及其原因》，《华东师范大学学报》（哲学社会科学版）2000 年第 6 期，第 86~91、124 页。

二战后的五六十年，纽约逐步进入去工业化时代，一度陷入经济衰退和人口流失的双重困境。但是转型后的纽约，很快进入了后工业化时代。20 世纪 70 年代后期，纽约因大力发展第三产业和高科技产业而重新崛起。如今，纽约早已成为世界上信息最活跃、商业服务最专业和证券交易品类最全的地方，是当之无愧的全球国际金融中心。

三　巴黎：享誉全球的世界文化艺术中心

巴黎是四大世界城市之一，是公共外交中的著名城市行为体。巴黎通过传播核心价值观，普及法语，发展文化产业，建立国际组织总部，举办世博会，为增加法国的软实力做出了巨大贡献，成为世界文化艺术中心。[①]

19 世纪中期，巴黎是世界上最大的制造业城市、最主要的金融中心之一。通过举办多届世博会及其他领域的各种世界级别会议，巴黎在各个领域引领世界潮流并成为世界经济、工业、文化中心之一。巴黎名目繁多的博物馆，如警察博物馆、航空博物馆、专门展出艺术家遗作的博物馆及具有慈善性质的博物馆是其国际化的重要标志。

18 世纪，前所未有的“法语热”风靡除英国之外的几乎整个欧洲。法语被公认为世界上最优美的语言之一。17~18 世纪，法国的文化艺术取得了辉煌的成就，启蒙运动影响遍及欧洲，同时也使法语风靡欧洲。1714 年，《拉施塔特和约》第一次正式将法语作为条约文本的唯一语言，以确定法语作为外交语言的特殊地位，直到第一次世界大战结束。英国的崛起，特别是第二次世界大战后，英美国家经济的迅猛发展使英语风行欧洲及世界其他地区，法语的地位逐渐下降。20 世纪 50 年代，随着非殖民化运动的开始，民族民主运动得到了广泛发展，提倡使用本民族语言、摈弃殖民主义语言成为一股不可阻挡的历史潮流。联合国规

---

① 贾烈英：《巴黎如何成为世界文化中心城市》，《公共外交季刊》2013 年春季号，第 96~102 页。

定英语、法语、汉语、俄语、西班牙语、阿拉伯语6种语言为工作语言。但实际上，英语、法语两种语言是联合国各机构及会议最重要的工作语言。①

巴黎最有名的国际组织是联合国教育、科学及文化组织，此外还有经济合作与发展组织、国际汽车联合会、无国界医生组织。这些总部设在巴黎的国际组织成为传播法国文化艺术的重要平台。

法国文化的兴起和繁荣，离不开伟大人物的努力。他们是巴黎文化艺术交流的主角，也是法国、欧洲乃至世界文化的优秀代表。一直以来法国政府很重视文化外交，经常将文化名人视作法国的名片，他们被委以重任，可以起到指引江山、开辟道路、扭转局面的重要作用。

四　东京：集中迅速的世界信息聚集中心

东京是日本乃至世界信息聚集中心，来自政府部门（尤其是中央政府）的信息是东京形成世界城市核心功能的关键因素。东京的功能具体表现在7个方面：政府功能、商务和金融或管理功能、流通和运输功能、制造业和R&D功能、服务功能、教育和研究功能、媒体功能。这些功能有一个显著的共同点，即都与东京作为日本乃至世界信息聚集中心的角色密切相关。

作为首都，东京拥有关键性的中央政府功能——立法、行政、司法，以及代表国家间重要交往的外国驻日外交机构，除此之外还有大量的东京地方政府机构，政府在活动过程中产生的信息流犹如巨大的磁场强烈地吸引着各种中心控制功能聚集东京，如中央政府将所征收的超过全国2/3的公共税收的相当部分用于财政开支，而且东京政府将开支掉所有税收（包括公共、地方税收）的2/3，巨大而复杂的资金流（某种意义上也是一种信息流）不可避免地吸引了各种管理功能集中于东京，

① 贾烈英：《巴黎如何成为世界文化中心城市》，《公共外交季刊》2013年春季号，第96~102页。

同时中央政府的政策信息源作用和拥有的审批权也促进了各种政府办公功能和大公司总部集中于东京。

东京良好的信息技术基础设施为银行、保险、物流、知识密集型制造业的发展提供了重要条件，生产者服务业也因此得到迅速发展。东京集中了全国17%的高等院校、短期大学和27%的大学生，东京还拥有占全国1/3的研究和文化机构，其中大部分是国家级的。由于高校和研究机构、文化机构的聚集与国家政治经济活动（如政策的制定和咨询）、新产品的研发有着千丝万缕的联系，前者对后者有强烈的促进作用，所以虽然日本政府曾试图将东京的高校分散到城市之外，但最终发现人为的分散仍抵挡不住东京强烈的吸引力，尤其是那些与首都活动和产品研发关系密切的科学、工程研究部门。东京也集中了全国大部分的媒体功能。由这里发生的各种政治经济活动形成的信息流和来自全国乃至全世界的信息流使东京成为全国信息交汇最为集中和迅速的地方。[①]

① 沈金箴：《东京世界城市的形成发展及其对北京的启示》，《经济地理》2003年第4期，第571~576页。

第二章 北京建设国际交往中心的作用与意义

建设国际交往中心是国家外交大战略的特色内容，国际交往中心是城市国际化发展的高级形态，在国家经济社会发展中具有显著优势地位，肩负着配合国家总体外交的重要战略使命。随着我国国际影响力不断提升，“一带一路”倡议深入推进，北京作为步入世界舞台的大国首都，国际化城市框架持续推进，国际交往活动越来越频繁，正吸引着越来越多的国际资源聚集于此，国际交往的影响力和话语权得到进一步提升。

国际交往中心是《北京城市总体规划（2016 年—2035 年）》提出的北京城市战略定位之一，是习近平总书记北京重要讲话中提出的首都核心功能之一。为深化落实首都城市战略定位的重要内容，北京国际交往中心建设应以大国外交的重要支点、全球交往的支撑平台、国家形象的“印象之城”、生态智慧的“宜居之城”、国际科创的引领之城、国内发展的带动之城为着力点，充分发挥北京政治优势、经济优势、科技优势和文化优势等，打造北京友好城市交流合作国际平台，深入推动北京高质量发展。

第一节 大国外交的重要支点

当前，中国的国际地位和国际影响力日益提高，这与新中国成立 70 周年以来基于自身外交实践、探索、创新形成的中国特色大国外交理念有着必然关系。综观中国特色大国外交70年的历史经纬，依据时代要求与主要历史任务的不同，大致可分为“站起来”“富起来”“强起来”的大国外交发展三部曲，从坚持独立自主与主权完整到推动和平发展与开放合作，再到实现中华民族伟大复兴的中国梦与积极主动履行大国责任，[①] 变的是中国特色大国外交的重心、心态以及由此形成的对中国与世界互动关系的自我认知和对世界的看法，不变的是中国致力于构建和平、合作、互利、共赢的大国外交。同时，中国与世界关系的紧密度也在逐步提高。这是因为中国特色大国外交开启新征程，需要全社会携手开展外交实践。其中，主场外交和城市外交是服务中国特色大国外交的重要组成部分，更需要北京深入思考并全面发挥城市外交在中国总体外交格局中的战略作用，以提高服务中国特色大国外交的能力，同时提升城市国际化发展与参与全球交往的能力。

因此，北京国际交往中心建设应是以服务中国特色大国外交为旨归，以主场外交与城市外交为两大着力点，充分发挥国家象征意义这一特殊优势，深入推进北京城市国际化与全球互联互通进程的一个大国工程。

一　服务中国特色大国外交：国际交往中心建设的战略意义

北京作为全国政治中心与文化中心，除具有其他城市的一般属性外，有着独特的城市品格，更重要的是其还具备大国首都的属性。在全球化浪潮掀起和共建“一带一路”的时代背景中，北京早已率先推进城市国际化进程。北京国际交往中心建设便是最好的实践证明。历史维度上，北京的城市外交服务工作主要根据当时的历史条件和实际情况来开展，大致可以分为以服务首都对外交往为核心的一维城市国际化，以

① 吴志成、温豪：《从独立自主走向复兴自强的中国特色大国外交析论》，《东北亚论坛》2019年第5期，第3~16页。

"现代化"为核心的"都"与"城"的二维国际化，以"国际化"为特点的"都"与"城"、国际交往中心建设并举的三维国际化阶段。[1]

总体而言，国际化、智慧化、信息化已成为城市发展趋势和目标，全球互联互通要求城市成为服务国家总体外交的重要行为体。作为建设现代化国际城市的内在要求，国际交往中心一端连着中国改革开放与现代化建设的巨大成就，另一端连着开放包容与互利共赢的世界市场，其城市国际化进程的深入推进有利于其在突出自身独特城市品格和利用现有资源的基础上发挥最大作用，对国家总体外交布局具有重要战略意义。具体体现在以下几个方面。

1. 北京国际交往中心建设有助于改善大国外交的外围环境

大国外交的顺利开展离不开良好的外部环境。对主场外交而言，政策法律环境、政府服务和社会服务系统、宜居生态环境、城市硬件配套设施及人文环境建设等会很大程度地影响国际交往的整体环境。而北京国际交往中心的建设秉承高标准、高规格、国际化的原则，能够进一步凸显中国不断提升的软实力。国家会议中心便是典型代表，自 2009 年 11 月正式开业以来，该中心实现了从国家级会展平台到世界级会展平台、从专业商务接待场所到重大外事活动接待场所再到主场外交接待场所的蜕变，向世界充分展示了"中国服务"、"北京速度"与中国形象，进入大国外交的服务领跑行列。

2. 北京国际交往中心建设有助于支撑大国外交的内涵发展

随着城市国际化进程的加快，城市作为重要的次国家行为体在国际交往中的作用日益突出，外交化成为城市外事转化为城市外交的关键。[2] 对于北京而言，建设国际交往中心能够使其成为互联互通的重要节点，加上北京是中国所倡导的新型国际关系的主场、新型全球治理的

---

① 周鑫宇：《国际交往中心建设的新内涵》，《前线》2018 年第 9 期，第 74~75 页。

② 王义桅、刘雪君：《"一带一路"与北京国际交往中心建设》，《前线》2019 年第 2 期，第 39~42 页。

主体力量，建设国际交往中心，其服务大国外交的能力会逐渐增强，同时会丰富大国外交的内涵与手段。北京建设国际交往中心有助于其与国家总体外交布局有机对接，自下而上夯实大国关系的社会基础，助力中国拓宽外交视野。

二　主场外交与城市外交：服务大国外交的两大抓手

就中国而言，其发挥影响力的关键要素有两个：一是大国关系，二是国际平台。[①] 北京作为步入世界舞台的大国首都，其城市国际化进程加快，国际影响力日益提升。2014 年，习近平总书记视察北京时发表重要讲话，提出坚持和强化首都国际交往中心的核心功能，2016 年，北京市“十三五”规划依据《京津冀协同发展规划纲要》再次明确国际交往中心的功能定位，并在 2017 年实施的《北京城市总体规划（2016 年—2035 年）》中强调要加快推进国际交往中心及世界级城市群建设。可以看出，北京本身之重要性以及国际交往中心建设之意义非凡。如前文所述，北京国际交往中心建设的主线是全面服务中国特色大国外交，以推动建设相互尊重、公平正义、合作共赢的新型国际关系与构建人类命运共同体。基于此，北京国际交往中心建设要做到更好地服务中国特色大国外交，主要抓手有两个：一是做好首脑外交的接待工作，二是借助城市外交的力量。具体体现在以下几个方面。

1. 主场：强化顶层设计与承办国际会议以及赛事，提升服务主场的外交能力

主场外交是习近平总书记一直倡导和推动的外交手段，主场外交因具有创造“天时、地利、人和”条件的能动性并能够最大限度地展现国家软实力而引人瞩目。主场外交是中国特色大国外交的有机组成部分，也是备受中国国家领导人重视的外交手段，几乎每次主场外交会议

① 王帆：《中国特色大国外交：缘起、成就与发展》，《当代世界》2017 年第 7 期，第 10~14 页。

都会有国家领导人出席并发表主旨演讲、重要讲话或主持会议。[①] 现阶段，北京是举办主场外交活动最多的城市之一。对比多次主场外交会议，可以发现，承办国际会议不仅成为北京展现其城市形象及影响力的重要途径，而且成为北京锻炼、提升统筹协调能力的良好契机。[②] 就承办国际会议来看，国际大会与会议协会（ICCA）国际会议统计报告显示，2018 年，中国举办国际会议 449 场，位居世界第八，其中北京组织举办国际会议 93 场，位居亚太地区第七、国内第一，[③] 组织接待的国际会议数量和质量同步提升。值得关注的是，无论是“一带一路”国际合作高峰论坛、中国共产党与世界政党高层对话会等独立创建的主场外交会议，还是中非合作论坛北京峰会、亚太经合组织第二十二次领导人非正式会议等与其他国家合作创建在北京举办的轮值会议，服务于这些重大外事外交活动的组织接待保障工作以及完备的硬件设施、首善一流的标准化服务、接踵而至的国际品牌展会都在擦亮国际会议市场“北京服务”名片，向世界展示昂扬向上的中国形象。这足以表明高质量国际会议已成为一个城市向世界开放的窗口与保障主场外交顺利开展的载体。不容忽视的是，重大国际体育赛事也是开展主场外交的重要一环和更好发挥主场效应的国际平台。2008 年北京奥运会的成功举办，以及国际马拉松、中网公开赛等一系列助力 2022 年北京冬奥会的国际体育赛事不仅展现了北京的城市形象和国际影响力，而且为推进城市国际化进程注入了新动力。

因此，北京国际交往中心建设应是在致力于维护和发展北京主场外交与中央外交的互利共赢性的大前提下[④]，以大格局、大视野、大布局

---

① 凌胜利：《主场外交、战略能力与全球治理》，《外交评论》2019 年第 4 期，第 1~31 页。

② 王义桅、刘雪君：《“一带一路”与北京国际交往中心建设》，《前线》2019 年第 2 期，第 39~42 页。

③ 《重磅丨2018 ICCA 国际会议统计报告分析》，会议产业网，2019 年 5 月 27 日，http://www.meetingschina.cn/DispNews_mob.aspx?id=13536。

④ 刘波：《全球化时代城市外交的地方经验——以北京为例》，《西部学刊》2017 年第 4 期，第 21~26 页。

创新外事管理体制，做好党宾、国宾团在京的接待保障工作，凝心聚力服务国家总体外交，同时推进城市国际化进程的一项外交工程。

2. 客场：建立国际友好城市和参与国际城市组织并举，切实推进城市外交进程

自2014年国家主席习近平在中国国际友好大会暨中国人民对外友好协会成立60周年纪念活动上的重要讲话中首次明确提出“城市外交”概念以来，城市外交成为中国公共外交发展的亮点，这与城市外交对中国周边外交的重要依托、中国缔结伙伴关系的有力支撑与中国参与全球治理的对接平台等作用密切关联。① 城市外交的发展源自全球化发展的外部“牵引力”与城市国际化的“内部驱动力”这两者的合力，其合力作用使得发展重心转移到以城市为单元的行为体上，甚至使城市成为参与全球治理的重要的次国家级行为体。特别地，在共建“一带一路”进程中，城市外交对于实现沿线城市的互联互通有着重要推动作用。当前，城市外交应率先服务国家总体外交和改革发展需要，已成为学术界的共识。总体来看，城市外交主要体现在建立双边国际友好城市和参与多边国际城市组织。就双边关系来看，国际友好城市是城市外交的典型表现形式，主要包括有组织的对外文化交流和经贸关系融入文化交流的活动。数据显示，截至2018年5月，北京市与56个国际城市缔结了友好关系。② 就多边关系来看，随着经济一体化、全球化、城市国际化的推进，国际城市多边组织应运而生且数量日益增加、规模日益扩大、国际影响力日益提高。其中，世界城市和地方政府联合组织（UCLG）是世界上最大和最具代表性的地方政府国际组织，北京自2006年加入该组织以来，以此为平台提升对外交往层次，与联合国、世界银行、亚洲开发银行等国际组织合作开展

① 陈维：《中国城市外交：理念、制度与实践》，《公共外交季刊》2017年第2期，第126~132页。

② 《北京市缔结第56个外国友好城市》，金华市人民政府外事办公室网站，2019年11月5日，http://swb.jinhua.gov.cn/yhjw_1630/tszs_1635/201805/t20180529_2395765_1.html。

国际交流活动，以便在全球化时代更好地处理复杂的对外政治、经济、文化关系。总体而言，随着新型全球化、信息化与“一带一路”建设的深入推进，城市外交会呈现国际交流合作具体化、城市多边交流网络化以及城市合作向区域合作转型等趋势。

因此，北京国际交往中心建设应是在服务中国特色大国外交与改革开放发展需要的基础上，打造北京友好城市交流合作国际平台，全面融入全球城市网络并形成国际多边合作协同效应，发挥城市外交在促进全球互联互通中独特作用的一项系统工程。

第二节　全球交往的支撑平台

早在19世纪，马克思和恩格斯便意识到世界交往对人类社会发展的重大意义，系统论述了生产力的发展促使交往实现由内部交往、民族交往再到全球交往的历史过程，认为物质交往、精神交往和话语交往等构成全球化社会。[①] 当前，交往实践作为全球化社会的本质、基础和动力，呈现多级主体性、社会交往性、双向整合、综合创新性和系统性等新特征。[②] 马克思主义的国际交往理论依旧能为当代全球交往提供世界观和方法论指导，以共建“一带一路”为例，“一带一路”倡议本质要做的事情就是促进全球交往，具体表现在构建以合作共赢为核心的新型国际关系和打造人类命运共同体。毋庸置疑，随着社会不断发展，马克思主义的国际交往理论得到丰富和发展。例如，习近平总书记提出的共商共建共享理念便是改革开放以来中国以积极自信的姿态融入全球交往的生动体现，是中国在参与全球治理中以和平的方式提

① 张峰：《马克思恩格斯的国际交往理论与“一带一路”建设》，《马克思主义研究》2016年第5期，第68~75页。

② 任平、王建明：《新全球化时代的政治学范式：交往实践共同体》，《学术研究》2001年第9期，第50~55页。

升本国在国际社会的话语权和执行力的务实理念。[①] 总体而言，在全球化时代下，交往实践成为本质所在，全球交往以市场经济的全球扩张为根本动力，以现代信息技术的快速发展为根本标志，以经济、政治、文化交往一体化为最大特点，[②] 不断加速世界民族文化的融合，为自身民族文化的发展提供强劲动力。当前，各国交往的空间向全球市场延展，交往的行为主体向城市、企业和大众下移，交往的手段向信息化和技术化靠近，是全球化时代交往的新趋势。就现阶段全球交往的类型来看，全球经济交往、全球文化交往与全球网络交往并举开展，为促进世界经济繁荣和实现全球互联互通创造新的条件，为推动世界合作共赢注入源源不断的动力。

因此，北京国际交往中心建设应是探索建立全球经济交往、全球文化交往与全球网络交往三位一体的国际城市交往网络体系，致力于构建全球互联互通伙伴关系的一项开放工程。

一　全球经济交往：国际交往中心建设的坚实基础

当前，经济全球化使得交往和对话成为时代主流。按照马克思主义的国际交往理论的逻辑，全球经济交往是全球范围内处于交换价值基础上的一切劳动产品、能力和活动的交往。[③] 全球经济交往在形式上一般表现为产品、技术、贸易、服务等交换，但是在经济一体化的今天，全球经济交往发展方式不断更新，具体表现在：第一，经济交往范围突破近代资本扩张时原料、产品等在少数国家交换的局限；第二，世界舞台上不仅有以国家为单元的行为主体，还有以城市和跨国企业为代表的行

① 兰颖、邓淑华：《国际交往视阈下习近平“共享”发展理念解析》，《毛泽东思想研究》2017 年第 3 期，第 71~75 页。

② 王来金：《论全球交往对世界文化生态的影响》，《首都师范大学学报》（社会科学版）2006 年第 3 期，第 36~41 页。

③ 叶良茂：《马克思交往理论与经济全球化》，《华北电力大学学报》（社会科学版）2002 年第 4 期，第 5~9 页。

为主体，它们迅速崛起，成为参与全球经济交往的重要力量；第三，在全球经济一体化进程中，经济交往主体在维护国家政治利益的大前提下，以能获得的经济利益大小为首要考量；第四，社会信息化、移动互联网和物联网的快速发展对国家现有经济体制和结构提出了挑战。

当前，全球化与共建“一带一路”促使北京成为世界关注的焦点以及国际行为主体选择的重要平台。新中国成立以来，北京经济实现跨越式发展，分别用 29 年、16 年、13 年迈上百亿元、千亿元、万亿元的台阶，总部经济飞速发展，根据 2019 年总部经济国际高峰论坛的数据，北京拥有《财富》世界 500 强总部企业数量连续 6 年位居全球城市首位，且 4 成以上的跨国公司地区总部来自境外世界 500 强企业。[①] 基于此，北京国际交往中心首先应是以国际通用的经贸交往规则或制度为调控国际经济交往的原则，具备高价值、高效率、高辐射力的世界总部经济聚集地。与此同时，因为北京是“一带一路”北线以及中线建设的重要节点城市，国际交往中心还应是以实现沿线国家区域经济一体化为目标的“一带一路”沿线国家的产业合作基地。

二　全球文化交往：国际交往中心建设的核心纽带

文化交往作为全球化时代的产物之一，对提升国际话语权与文化自信至关重要。以美国匹兹堡大学社会学教授罗兰·罗伯森在《全球化——社会理论和全球文化》一书中提出的“文化混合化”这一全球文化理论为切入点来看，全球文化交往的基本问题在于如何看待和处理文化普遍性与文化特殊性的关系。[②] 而这对关系看似对立，但全球化时代背景下的文化交往不断向全球文化交往发展。此处的全球文化并不是

① 《北京拥有〈财富〉世界 500 强总部企业数量连续 6 年位居全球城市首位》，百家号经济观察报，2019 年 5 月 28 日，https：//baijiahao. baidu. com/s? id = 1634757396673523718&wfr = spider&for = pc。

② 李佩环：《文化混合化：全球化时代文化交往的新趋向》，《现代哲学》2008 年第 3 期，第 50 ~ 54 页。

指全球文化的统一化，而是指共同性与多样性、世界性与民族性并存的文化。[①] 也就是说，全球文化交往形成的是一种多元文化繁荣共存的全球文化系统，它不仅包含文化交往过程中吸纳的普遍文化价值，而且能够彰显具有特殊价值的各民族文化的精华。全球文化交往行为具有“文化间性”，即以一种文化交往理性和文化间的相互开放、求同存异和包容对话为旨归，[②] 但是值得注意的是，文化间的开放不等同于话语权的平等，其本质隐含着某种权力符号，并在文化交往过程中最终以文化软实力的形式呈现在世界舞台上。由此可见，全球文化交往不仅是文化软实力形成的前提条件和动力来源，而且是提升文化软实力的现实路径。[③]

文化软实力内涵深刻丰富，主要是指文化的国际吸引力与文化的内部凝聚力。[④] 北京在千年的历史变迁中传承了中华优秀传统文化，如北京中轴线城市建设不仅蕴含儒家思想的“中庸之道”，而且凸显了各民族历史文化认同的传统。同时，北京历史文化与古丝绸之路文化一脉相承，更为重要的是北京是一座现代化国际城市、中国对外开放的重要节点城市以及中国首都，这些使其能够在文化交往过程中不断提升文化软实力、传播国家形象，增强文化的内部凝聚力与国际吸引力。文化交往不再只限于举办文化演出、文化展览以及开展文化旅游活动等，还应该追求文化思想的交流与碰撞。此外，文化交往主体也不只局限于城市，还需要跨国企业开展文化贸易、民众个体开展民间文化交流等。因此，北京国际交往中心应是以共建“一带一路”为契机，以提升文化自信

---

① 颜晓峰：《全球文化的融合与冲突》，《河南大学学报》（社会科学版）2002 年第 5 期，第 73~76 页。

② 张安冬：《交往理论视阈下文化自信与中国国际话语权提升》，《天津市社会主义学院学报》2019 年第 2 期，第 55~59 页。

③ 王玉鹏、孟献丽：《基于文化交往的文化软实力建设路径探析》，《探索》2015 年第 5 期，第 166~169 页。

④ 骆郁廷：《文化软实力：基于中国实践的话语创新》，《中国社会科学》2013 年第 1 期，第 20~24 页。

与文化软实力为目标，融城市精神、文化创新、文化产品和服务及文化传播为一体，由政府、企业、社会凝心聚力打造的开放包容的全球文化交流平台。

三　全球网络交往：国际交往中心建设的信息支撑

当前，移动互联网、物联网、大数据等信息技术飞速发展，根据中国互联网络信息中心（CNNIC）于2019年8月30日发布的《第44次中国互联网络发展状况统计报告》，截至2019年6月，我国网民规模达8.54亿人，互联网普及率达61.2%，其中手机网民规模达8.47亿人。数字经济的崛起正在打破与重构经济社会发展的传统规律与传统思维，激活与促成新的产业发展模式，也赋予人类新时代交往的内涵与意义。在信息全球化时代，交往的性质和水平不在于交往什么，而在于怎样交往，用什么中介手段交往。① 从现阶段全球交往发展的变化来看，网络信息交往成为全球社会发展的基本特征，具体表现在：第一，“万物互联”引发大数据飞速增长，大数据已成为一种高利用价值资产和基础性战略资源，人类社会正走向全球信息化时代；第二，现代信息技术对社会的全面革新，包括社会生产方式的革新、交往方式的变化、开放式和共享性的社会文化的出现、各类决策信息化和科学化等；第三，最大限度地满足个体需求和提高自主能动性成为全球网络交往的必然结果；第四，从全球社会的发展来看，当代社会的网络交往是用可能性来描述现实性的一种交往形态，使得网络交往在空间的语境下呈现创造性、流动性和不确定性。②

习近平总书记在第三届世界互联网大会开幕式中指出，互联网发展是无国界、无边界的，利用好、发展好、治理好互联网必须深化网络空

① 余展洪：《马克思全球交往思想的实践发展》，《山东社会科学》2005年第2期，第20~23页。

② 张愿娟：《马克思交往理论对网络交往的经济启示》，《现代交际》2019年第6期，第215~217页。

间国际合作，携手构建网络空间命运共同体。[①] 这一网络空间命运共同体建构思想蕴含了以网络安全为前提的安全性交往、以网络技术为动力的创新性交往、以网络治理为手段的有序性交往、以网络共享为目的的互利性交往四重交往理性。[②] 这为北京国际交往中心的网络国际合作提供了理念指导。与此同时，《数字中国建设发展报告（2018 年）》中对各地区信息化发展情况的评价显示，北京在地方信息化发展评价指数中排名第一，[③] 与《中国互联网发展报告 2019》提出的“北京互联网发展水平居于首位”[④] 一致。随着中国新一代信息基础设施加快建设，信息技术创新能力不断增强，5G 技术逐步落地，6G 技术开始研发，人工智能快速发展，北京国际交往中心应是在抓住新技术革命发展机遇的基础上，不断创新网络核心技术，大力发展网络产业，为促进全球网络合作而建构的开放、共享、平等、有序的国际网络交流平台。

第三节　国家形象的“印象之城”

提升北京作为一座国际城市的形象，是推进北京国际交往中心建设的抓手，使北京成为我国国家形象的重要名片，成为国际社会了解和认识中国的“印象之城”。城市形象的塑造，可以朝“推”和“拉”两个方向发力。所谓“推”，是指通过举办具有影响力的国际活动并对其进行传播，将中国形象推广出去。而所谓“拉”，是通过北京丰富的历史

---

① 《习近平：在第三届世界互联网大会开幕式上的视频讲话》，人民网，2016 年 11 月 16 日，http://media.people.com.cn/n1/2016/1116/c40606-28873581.html.

② 王照明：《习近平网络空间命运共同体思想的交往理性及其文明逻辑》，《哈尔滨市委党校学报》2017 年第 4 期，第 13~18 页。

③ 《国家网信办：北京信息化发展评价指数全国第一》，百家号北京日报，2019 年 5 月 6 日，https://baijiahao.baidu.com/s?id=1632770860412770858&wfr=spider&for=pc。

④ 《〈中国互联网发展报告 2019〉发布，北京广东上海互联网发展水平最高》，百家号中国经济周刊，2019 年 10 月 21 日，http://baijiahao.baidu.com/s?id=1647987170446765635&wfr=spider&for=pc。

文化资源、现代教育资源和良好的产业发展环境吸引国际友人来中国旅游、国际企业来中国发展，并为中国形象进行口碑传播。

一　借助国际活动展示国家实力：凝心聚力打造国际交往平台

北京奥运会作为一项重要的国际性盛会，是我国国家形象传播的重要媒介。首先，中国国富民强的经济实力得到认可。鸟巢、水立方等体育场馆的修建，北京奥运会开幕式、闭幕式等文艺节目的技术支持，城市配套服务设施的提供，无一不体现出我国的工业发达程度和科技进步程度之高。其次，中华民族源远流长的历史文化得以展现。北京奥运会从申办到筹办、举办的整个过程，尤其是奥运主题和奥运理念确定，会徽和吉祥物的设计，开闭幕式中书法、戏曲、瓷器、画卷等众多中华文化元素的融入让全世界感受到中华文明的源远流长和无穷魅力，反映了中国文化的"和谐"本质，赢得了无数国际友人的由衷赞叹，极大地提升了中华文化在世界上的影响力。[①] 最后，热情友好的国人形象成功树立。奥运会志愿者的微笑是中国最好的名片。以"我参与、我奉献、我快乐"为理念，奥运会期间，我国万名奥运志愿者以热情、专业、细致、周到的服务，让各国朋友宾至如归，赢得了各类客户的交口称赞。他们的微笑不仅成为奥运会一道独特而亮丽的风景线，同时也成为全世界了解中国年轻一代的重要窗口。北京奥运会给各国公众留下了深刻、直观的印象，国际社会一致认为这是举办最成功的一届奥运会。一张"热情、和谐、发展、负责任"的中国名片由此形成。

这之后，北京在国际交往中心功能的建设方面持续发力，涉外服务设施和城市综合运行服务保障的能力得到了完善和提高，同时服务保障国家总体外交的工作水平也在不断提高，硬件和软件皆为上乘。2022

---

① 赵元恩：《北京奥运会的中国国家形象传播分析》，硕士学位论文，南京理工大学，2012。

年北京冬奥会是我国重要历史节点的重大标志性活动，是展现国家形象、促进国家发展、振奋民族精神的重要契机，我们要充分利用奥运会对举办国家产生的“奥运效应”传播我国国家形象。同时 2022 年北京冬奥会也会让北京这个国际交往中心的形象更加鲜活。[①]

除奥运会等标志性、大规模的国际交往活动外，诸如北京国际电影节、北京国际旅游节等年度国际性节庆活动，也不同程度地深化了北京的国际城市形象。

二　发挥文旅优势传播文化底蕴：整合优势推动国际交往中心建设

从经验来看，在建设国际交往中心的同时，城市也是文化中心、娱乐中心，具备鲜明的城市形象特征，比如，巴黎是著名的时尚与浪漫之都，罗马是古典艺术之都，维也纳是音乐之都。与之相比，北京在塑造形象方面还须发力。北京具备良好的客观条件，拥有 3000 多年的建城史和 800 多年的建都史，是世界著名的观光旅游城市，荟萃元、明、清三代以来的中华文化精髓，历史积淀深厚，世界文化遗产就有 6 处，全国重点文物保护单位 98 处，博物馆 159 座，居世界第二位。[②] 首都文化是个“富矿”，既是北京这座城市的“魂”，也是中华文明的“金名片”。源远流长的古都文化是传承弘扬中华优秀文化的重要载体；丰富厚重的红色文化是思想政治教育的宝贵资源；特色鲜明的京味文化发源于民间，形成独特的城市风格；蓬勃兴起的创新文化引领潮流、不拘一格。

我们应充分利用北京市的文旅资源，创新旅游项目与线路。兼顾继

---

① 曹淞：《新时代 2022 年北京冬奥会国家形象传播研究》，硕士学位论文，哈尔滨体育学院，2019。

② 《北京有 3000 多年建城史和 800 多年建都史　丰富的历史文化遗产是古都的一张金名片》，新生活网，2019 年 1 月 16 日，http：//www. shxb. net/news/guonei/2019/0116/22790. html。

承与创新，充分利用首都文化资源优势，提升首都文化影响力，将北京打造成亚太地区旅游中心城市之一和具有东方特色的一流国际旅游名城。[①] 首先，建立完善的旅游信息网络，建设内容丰富、界面友好、信息量大的外语版旅游网站，向海外游客提供专业、细致的咨询服务；其次，打造有北京特色的旅游文化。文化是21世纪城市竞争的首位要素，游客对城市的第一印象和深刻记忆往往来自其文化。与其他城市的文化差异越大，北京的吸引力就越强。北京拥有丰富的历史文化资源，不仅要开发和发展传统观光旅游，还要开发一些体验式旅游项目，使北京厚重的历史文化给游客留下深刻印象。

三 优化国际教育打造良好口碑：加快国际交往中心建设步伐

优化国际教育打造良好口碑，进一步加快国际交往中心建设步伐，增强国际影响力。当前世界各国的开放程度都有所提升，移民、留学及旅游的人数日益增多，留学生群体将成为我国国家形象传播的重要力量。来华留学生对高校的满意度直接影响到留学生的对华好感度，国际教育水平直接影响到留学生的生源和入学动机。尽管北京市的教育具有相当强的实力，但与英美等国家的国际城市相比还有差距。目前，外国人在北京的生活与本地人存在着较大的差别，这种差别严重阻碍了国际化城市的建设。另外一个与首都地位不相适应的是外国人至今不被允许住进北京人的家庭，绝大多数常驻北京的外国人对此表示不理解。这与国际化大都市的要求还有一些距离。[②]

从政府层面重视高等教育的国际化。国际化是现代大学的重要特征，而政府是教育国际化的主导力量。国际教育交流的发展离不开政府的支持，特别是政策、法规层面的支持。例如，优化合作交流过程中的

① 吕亚静：《北京文化旅游产业国际化发展研究》，《中国产业》2011年第5期，第73页。
② 张茅：《北京建设国际交往中心研究》，中国旅游出版社，2001。

手续，提高审批效率；深化教育改革，拓展与国际教育前沿学科相衔接的专业；营造较为开放的国际学术交流氛围。政府可拨出专项经费加大来京留学教育方面的投入，设立“北京文化奖学金”鼓励来华留学；成立民间国际教育交流组织，与教科文组织等国际教育交流组织联系、合作，争取世界银行教育贷款支持重点项目。

从学校层面把来华留学生的教育工作上升到增强国家软实力的战略高度。将国家文化外交意识自觉化，在加强来华留学生对中国文化了解的同时，还应该将其作为外交文化交流的一个组成部分。西方发达国家早就将国际教育及文化交流作为外交战略的一个组成部分，因此，我国在对来华留学生进行教育教学的同时，也应该将此事上升到外交战略的高度，树立良好形象。美国提出要将人员、图书以及艺术作为一种慢媒介，通过培养经营人才，实现长期的文化转型。英国外交政策将文化教育作为英国总体外交的重要组成部分。我国也逐渐重视文化教育，但对于国际教育在构建国家形象过程中所起到的作用认识还不够，缺少与国家政策的互动。因此，在今后的发展过程中我们要具备相关战略意识，进一步提升教师的综合素质以及相关意识，加强对来华留学生的文化教育，让其了解中国。此外，要在充分尊重来华留学生国家文化与国情的基础上对中国文化进行渗透，但切忌将中国文化的价值观强加于来华留学生。可以针对不同国别的学生采用不同的方法，根据不同国家的文化模式进行个性化教学，选择合适的方式，让学生认识到中国文化不会侵袭或影响他们国家的文化。①

第四节　生态智慧的“宜居之城”

生态智慧的“宜居之城”建设对于如今聚集国际交往功能的大城市来说意义非凡。生态智慧基本理论体现在以下两个方面：一是在生态性

① 薛惠文：《来华留学生教育与中国国家形象的构建路径研究》，《亚太教育》2018 年第 7 期，第 4~6 页。

思想智慧中分析，主要是通过地理、气候及人文等资源的融入，形成生态化的和谐发展理念；二是在智慧性生态理论中分析，通常需要引导人们规划布局环境，从而达到人与自然和谐相处的目的。[①] 放眼世界，重要的国际交往中心十分重视城市的生态建设与发展。如纽约在城市转型过程中，将绿色发展作为基本方向；土耳其政府先后出台了一系列政策法规，构建了 NCCS 方案框架，最终实现了可再生能源利用比例的提高。[②]

习近平总书记指出，深入实施人文北京、科技北京、绿色北京战略，努力把北京建设成为国际一流的和谐宜居之都。北京建设国际交往中心，是推动我国迈向世界舞台的关键一步，应着眼于生态智慧的“宜居之城”建设，从“国际一流生态宜居城市”建设、基础设施不断完善、产业布局不断优化等方面着手，致力于符合中国国情、具有中国特色的生态城市建设，为我国生态城市建设树立榜样，深入推进北京城市国际化与全球互联互通进程。

一　“国际一流生态宜居城市”建设：提升国际交往中心软环境

城市生态环境是国际社会十分关注的问题，它反映的是城市生命力是否强劲，可持续发展的能力是否强劲。关键性的指标包括城市绿地、环境资源和大气质量。经过多年的努力，北京园林绿化建设取得了巨大成就，基本形成了山区绿屏、平原绿海、城市绿景的生态景观，为建设国际一流的和谐宜居之都奠定了坚实的生态基础。通过贯彻落实《北京城市总体规划（2016 年—2035 年）》对于“一核一主一副、两轴多点一区”的城市空间布局及“一屏、三环、五河、九楔”绿色空间结构的要求，统筹协调京津冀区域生态环境建设框架，衔接融合上一轮百

---

① 张涛：《智慧生态城市规划建设基本理论分析》，《建材与装饰》2019 年第 28 期，第 114~115 页。

② 丁军：《生态城市是北京“四个中心”建设的落脚点》，《环境经济》2019 年第 15 期，第 52~55 页。

万亩造林工程绿色空间结构，整合提炼城市发展重点区域关键生态要素，分析新一轮百万亩造林工程绿色空间结构特点，北京提出构建“一屏、三环、五带、九楔、多廊、多片区”的空间结构。空间结构规划为搭建市域绿色空间“四梁八柱”骨架提供了支撑。

此外，为了指导绿化建设，北京市园林绿化局组织编制了《北京市新一轮百万亩造林绿化建设工程技术导则》，总体规划提出建设要求，为后期规划建设提供指导。规划依据现状条件及场地特色，将造林绿化地块分为四种类型，分别是生态涵养主导型、景观游憩主导型、森林湿地复合型及生态廊道型。生态涵养主导型是指为保障城乡生态安全、改善城市景观环境而建设的，具备生物多样性保护、防风固沙、水源涵养、水土保持、生态修复、滞尘抗霾等生态功能的林地，主要包括水源涵养林、水土保持林、防风固沙林、农田防护林、景观生态林等。景观游憩主导型是指景观要求较高或者需要建设公园的区域在确保生态功能发挥的基础上，具备游憩、景观、生态等功能的地块，主要包括城市森林、森林公园、郊野公园、城市公园、镇村公园等。森林湿地复合型是指在湿地资源周边具备提供动物栖息和迁徙地生境、保护物种多样性、美化景观和利用雨洪等多重功能的地块，主要包括湿地公园、生态栖息地、生境岛等，在该类地块上分类型、分区域适当开展游憩、科普活动。生态廊道型是指道路、河流周边线性绿色空间，具有污染防护、水土保持、防风固沙、调控洪水、景观营造、联通生境等生态服务功能，主要包括滨水绿色廊道、交通绿色廊道、高压走廊安全防护廊道、生态廊道四种类型。北京新一轮百万亩造林绿化，在延续并认真借鉴上一轮百万亩造林工程相关政策的同时，进一步加强相关政策机制的创新，细化各类型投资标准，尽力做到标准制定精细化、项目投资精准化、管理制度规范化。[①]

---

① 高大伟：《继续扩大绿色空间　构建生态宜居首都——关于北京新一轮百万亩造林绿化建设工程总体思路》，《国土绿化》2018 年第 8 期，第 10～13 页。

2018 年，北京紧紧围绕生态文明建设，服务保障重大活动，推进重点区域、重大绿化项目，加快重要生态惠民工程建设和实施重点改革任务，加快推进城乡绿化美化步伐，全面提升首都生态承载能力和绿化美化服务保障功能。全市前四个月 $PM_{2.5}$浓度同比下降 22.4%，扬尘天数从 1978 年的 20 天减少到目前的 3 天。首都北京的版图上，精致的公园环环相抱，大面积森林片片相连，处处清水碧波、绿意盎然，人人推窗见景、出门入园。人们漫步花间、徜徉绿海，仰望大西山之巅，映入眼帘的是碧水蓝天、锦绣辉映。据统计，1980～2016 年，全市森林覆盖率由 12.8%提高到 43%，林地面积由 29.3 万公顷增至 109.4 万公顷，活立木蓄积量由 450.8 万立方米增至 2211 万立方米，全市湿地面积达到 5.14 万公顷。在城市建成区面积持续扩大的情况下，城市绿化覆盖率由 20.08%提高到 48.2%；城市绿地面积由 2746 公顷增加到 8.35 万公顷。在常住人口成倍增长的巨大压力下，人均公共绿地面积从 5.14 平方米增至 16.2 平方米。[①]

二　基础设施不断完善：提升国际交往中心服务保障水平

基础设施是城市的名片，反映了一座城市的生活品质和城市运行效率，且承载着保障城市安全运行、服务人民生活、引导空间优化的功能，是完善城市功能的重要支撑，在城市发展中处于重要的先导地位。以 2008 年北京举办奥运会为契机，北京基础设施建设取得了飞速发展，但与此同时，交通拥堵、大气污染、绿地空间缺乏等问题不断出现。不得不承认，北京基础设施发展仍然面临诸多问题：管理水平与设施能力不匹配，设计理念、建设标准和管理水平等方面与国际化大都市相比仍存在较大差距，基础设施与城市功能融合不足，基础设施的网络化、系统性有待加强等。为此，北京着重从破解城市发展难题入手，从基础设施发展的前瞻性、包容性、示范性、协同性、系统性、引导性、动态性

---

① 《突出重点全面提升生态承载能力　努力构建国际一流和谐宜居之都生态体系》，《国土绿化》2017 年第 4 期，第 26～31 页。

七个维度实现基础设施的高质量发展，正努力按照世界大城市标准定位，形成适度超前、相互衔接、满足未来需求的功能体系，并提出推动北京基础设施高质量发展的七个策略。[①]

注重前瞻性。基础设施建设是一项基础性工程，体量较大，尤其像轨道、交通枢纽等，为了满足首都城市发展和带动区域协同发展的要求，一方面，北京需要适度超前建设，以土地、人口、能源的发展预期来规划基础设施建设，保持基础设施对经济社会发展的适应性；另一方面，北京也要结合首都城市发展的不确定性，量力而行，避免资源浪费，通过合理规划、科学决策，在当前阶段适度留白增绿，为城市未来变化以及产业发展、城市更新和空间优化预留控制用地，以实现城市的可持续发展。

实现包容性。基础设施归根结底要为城市发展、居民生活发挥服务和支撑作用。随着首都市民生活方式的日益多样化，其对基础设施的需求更加多元，需要基础设施在服务对象上，从以经济发展单一支撑功能，向全面支撑城市功能和市民便捷生活等转变，从老百姓最关心的交通拥堵、绿化空间减少等问题入手，全方位服务于老百姓的生产生活。同时，北京的基础设施应更多体现国际化，服务于国际化人才，尤其是机场、铁路枢纽等重大国际性交通空间，要能充分体现大国首都的开放气度，在建设品质、视觉观感、服务功能上体现国际化设计水准和建设理念。

做出示范性。首都的基础设施建设要体现一流的发展理念，在信息化、大数据、可持续发展方面做出示范。要加强基础设施资源的统筹高效利用，注重现有资源的利用，如积极利用闲置铁路资源发展市郊铁路，推进居民小区与邻近商业、办公停车设施的共享等，既降低成本，也方便居民。更要切实采用新技术新理念，如注重低碳建设，加强物联网等信息技术的应用，建设更加方便智能的基础设施等。

---

① 李纪宏：《推动北京基础设施高质量发展的策略建议》，《中国工程咨询》2019 年第 6 期，第 64～66 页。

增强协同性。面对京津冀协同发展的需求，首都的基础设施建设要从聚焦北京自身向关注京津冀整体区域转变，推进京津冀基础设施一体化，在区域层面调整城市功能布局和疏解北京中心城市功能。同时，要以城带乡，坚持规划先行，聚焦新城以及城镇和农村地区，做好规划统筹，在基础设施层面率先实现城乡一体化。在行业协同层面，要加强部门的统筹协调，综合考虑城市道路、市政管网及站点场所等影响因素，整体提升区域基础设施功能。

维持系统性。发挥好基础设施作为重要城市资源的作用，加强系统性、网络性建设。一方面，要加快补齐北京基础设施短板领域，从完善静态交通网络、提升生态品质、保障城市安全运行等市民关切领域入手，完善行业层级体系，解决老百姓关心的“最后一公里”问题，更好地满足居民对基础设施的需求。另一方面，要做好基础设施规划、建设、运营、维护的整体统筹，提高基础设施全生命周期的科学管控，提升基础设施的综合服务水平。

强调引导性。基础设施与城市生产生活密切相关，是城市功能的重要体现。一是要加强基础设施与城市功能的衔接，如机场、铁路枢纽与城市交通的衔接，排水设施与城市管网的匹配衔接等；二是要推动基础设施与城市生活的融合，以综合交通枢纽为例，要加强枢纽与周边城市功能和土地使用的有效结合，推进综合交通枢纽上盖物业，把基础设施建成城市的重要公共空间；三是要将基础设施的承载能力作为首都规划的约束条件，以基础设施划定城市增长边界，引导控制好城市空间形态和布局，如交通设施和水资源，使城市人口增长和开发强度与交通负荷能力、水资源承载能力相匹配。

保持动态性。由于近年首都城市空间、产业和区域优化调整较大，城市基础设施建设经常出现无法按规划实施的现象，所以有必要建立规划双向动态调整机制，在人口规模、城市空间以及发展需求出现新的变化、新的特点时，主动对既有规划相关内容进行科学调整和优化，适应新形势的建设需求。同时，也要根据城市发展阶段变化相应调整基础设施投资方向，如从以交通为主的投资理念向生态环境保护理念转变，从以优先保障机动车出行为主向以优先提供慢行交通为主的交通发展理念转变等，使基础设施发展更好地适应首都城市发展的新需求。

三　产业布局不断优化：全面推进国际交往中心建设

全面推进国际交往中心的建设要求北京在产业布局上具有国际水准，甚至引领国际水准。因此，北京应发挥其人才和资本优势作用，发展数字经济、金融服务、会展经济等第三产业。这就要求对北京原有的产业结构进行升级，在这一过程中，京津冀区域协同发展和北京新城建设发挥了巨大作用。

1. 京津冀区域协同发展，助力首都产业升级

2016 年 2 月，《“十三五”时期京津冀国民经济和社会发展规划》印发实施，这是全国第一个跨省市的区域“十三五”规划，明确了京津冀地区未来五年的发展目标。规划从经济增长、城市病治理、一体化交通、生态环境、人民收入、公共服务水平等多方面提出到 2020 年的具体发展要求。根据规划，京津冀区域协同发展将着力建立统一规范的生态环保联动机制、产业和科技创新协同机制等。

当前，京津冀区域产业合作基本是垂直分工模式，搭建的是以多个制成品为中心的有较强依存性的产业合作模式，这是不同发展水平区域之间的最佳合作模式。今后，要在垂直分工的基础上，延伸出水平分工，并逐渐将工作重点转移到后者上。例如，北京的地理位置决定了其必须要将现代服务业发展放在第一位，着力推动高新技术创新，在一定程度上拓展现代制造业，推动都市型农业的发展。当前我们更加关注知识型服务业的发展，在增加服务功能的同时，加大产业的辐射力度，稳步推动金融、文化、科技服务等行业的发展，大力促进有充足战略空间的旅游业等新兴行业的发展，进而提高行业竞争力和自主创新能力，着

重发展以软件研发、信息服务为核心的高科技产业，以生物科技为主的高新产业，尽早研发出拥有自主知识产权的标志性产品。

天津市则创建拥有知识产权的现代化制造业基地，着重发展电子信息、石油化工产业，生产用于出口的中高档轿车及环保节能车等。这需要重点建立配合制造业的生产性服务行业模式，建立更多功能性的物流公司，推动搭建物流集散网络体系，大力发展会展经济。

在现有基础上升级优化现代金融服务体系，培养更大的区域性金融市场，让区域合作过程中金融行业的价值充分体现出来。河北必须要充分发挥地域优势，在现有产业的基础上，尽力升级特色产业，创建功能性城市。加快技术改造的步伐，加快工业信息化的进度，提高资源利用率，实现现代工业化，同时发挥已有的优势，升级优化钢铁、化工等原有行业，实现材料的技术升级，并进一步提升原料的加工水平；提升现有的加工制造水平，进一步提升生物制药、设备、纺织等行业的市场竞争力；优化升级新医药、新材料等高新技术；在原有能源工业的基础上，大力推动互联网信息、金融等现代服务业的发展，将整个行业的水平提升到一个新的高度；着重发展前景光明的物流、文卫、旅游等行业，充分挖掘它们的潜在价值。

2.“疏解整治促提升”，加快新城产城融合

北京“疏解整治促提升”专项行动，是结合北京发展特点推动的一项参考了西方发达国家城市更新特点的系统性工程。它与京津冀协同发展战略紧密对接，从建设国际交往中心的角度出发，将首都的更新发展与区域一体化紧密联系在一起，凸显了首都建设的中国特色。

北京新城可分为三个不同功能层面：第一个层面是通州、顺义、昌平和大兴，起到带动中心城人口转移、研发高新技术的作用，承担教育资源外扩的功能；第二个层面是房山、怀柔、通州和平谷，承担疏解人口、产业转移的使命；第三个层面是怀柔、密云、延庆和门头沟，发挥生态涵养区功能和北京市生态之肺的功能。

促进新城实现产城融合即以产业为媒介，吸纳人口，推动新城发展。城市、产业、环境是互动的，产城融合的目的正是提供一流的环境，进而引进一流的人才，承载一流的产业，打造全方位健康发展的新城。“产城融合”实际上是通过以产兴城、以城促产达到产城相容的目标。它的核心在于产业，产业结构决定了新城的功能结构、用地布局、景观格局、交通导向等；在优化产业布局与实现产城融合的同时，基础设施和公共服务设施建设、房地产功能复合化开发、环境的可持续发展等是吸纳人口与新城同步发展必不可少的一部分。因此，新城的发展，需要以产业为媒介，吸纳人口，营造宜居、宜业的新环境。

新城发展要优化产业布局。新城建设需要考虑产业的长远发展，产业结构要符合新城自身的资源禀赋，有可持续发展空间所能承载的产业发展前景，有的地方人口聚集与产业的布局严重不协调，出现“有居无产”“产业空心化”等产业发展脱节现象。优化产业布局，产业是强区之基，是推进新城发展的前提和基础，没有产业支撑的新城无法持续健康发展。新城发展要利用现有的城市资源禀赋，明确自身功能定位，并处理好新城与新城、新城与中心城以及新城与市外城市的关系，与其他新城要互补优势、错位发展；与中心城要主动补充和对接；与市外城市要保持有机联系，充分发挥其过滤器的作用。

因此，需要找准定位，突出重点，发展优质的特色产业，本着促进就业、产业兴城的原则，选择和培育能够与本土资源优势有利结合的主导产业，吸引和聚集先进的、具有辐射带动效应的龙头企业落地，淘汰部分落后产能企业，完善推出机制，研究制定相关配套政策。

第五节　国际科创的引领之城

2014 年 2 月，习近平总书记视察北京的重要讲话，明确了北京全国政治中心、文化中心、国际交往中心、科技创新中心的城市战略定位。其中，全国科技创新中心是首次提出。2016 年 9 月 11 日，国务院印发实施《北京加强全国科技创新中心建设总体方案》，全国科技创新中心建设上升为国家战略。作为首都，北京建设全国科技创新中心有得天独厚的基础条件和资源优势。科技创新中心的提出，不仅与此前的“科技北京”概念一脉相承，更是对“科技北京”内涵的强化与丰富。

为加快推进全国科技创新中心建设，努力形成科技创新中心的制度优势、领域优势、人才优势，北京市推进科技创新中心建设办公室编制了《北京加强全国科技创新中心建设重点任务 2019 年工作方案》，涉及聚焦承接国家重大科技任务、推进“三城一区”建设、持续深化科技体制改革、集聚培养顶尖人才、加快构建高精尖经济结构和推进开放创新 6 个方面 220 项工作任务和重点项目。北京坚持创新、协调、绿色、开放、共享的发展理念，深入挖掘首都丰富的科技、智力资源和发挥得天独厚的区位优势，不断加大国际科技创新合作与技术转移力度，国际科技合作基地蓬勃发展，融政合作服务平台频频发力，国际科技产业浮出水面，走出了科技创新的“国际范儿”。

科技创新是实现北京建设国际交往中心的战略支撑。随着我国国际影响力不断提升，“一带一路”建设深入推进，北京作为步入世界舞台的大国首都，国际化城市框架基本形成，国际交往的影响力和话语权得到进一步提升，国际交往活动越来越频繁，吸引了越来越多的国际资本投资北京。而随着信息化的发展，全球科技创新资源、要素、商品与服务正越来越便捷地在全球流动，科技全球化趋势明显。科技全球化使得北京作为世界城市创新网络的重要枢纽和国际交往中心，有更多的机会在更高层次参与全球科技创新分工，分享全球科技创新成果，在构建全球创新治理新秩序中发挥重大作用。

一　引领国际科创：国际交往中心建设着力点

由于科技创新资源的高度流动性和科研活动的空间聚集性，谁拥有世界级的科技创新中心，谁就能最大限度地吸引全球创新要素，进而在国际竞争和国际交往中心建设中获得战略主动权。伦敦拥有全球领先的商业和金融企业，随着经济的周期性波动，严重依赖金融业的伦敦面临进一步发展的挑战，而通过科技创新驱动结构优化，伦敦获得了新的动力；美国试图借助新科技革命带来的先发优势引导产业回流以重构全球分工体系，2002 年，纽约市政府宣布要把纽约这个金融城市打造成“东部硅谷”，目前纽约已逐渐发展成拥有全球影响力的科技创新中心。[①]

我国正处于实现中华民族伟大复兴目标的前夜，比以往任何时候都更加需要强大的科技创新中心。北京作为全国科技智力资源最集中的城市，在服务国际交往中心建设、服务国家创新驱动战略方面展现出更大的担当、更大的作为。北京需承担体现国家科技创新战略、科技创新能力、科技创新水平、科技创新文化和国际科技创新竞争力的历史使命，面向全球构建具有国际影响力和竞争力的创新体系。[②]

1. 为科创引领之城搭建国际平台

国际交往中心是北京“四个中心”城市战略定位之一。“四个中心”建设是和谐统一的有机整体，必须良性互动，步调一致，协调推进。国际交往中心建设为科技创新中心建设提供了国际化的平台和强有力的支撑。同时，科技创新中心建设在国际层面上的拓展，又会不断助推和强化国际交往中心建设。

北京建设国际交往中心，尤其要重视与建设科技创新中心的协同关系。由科技进步带来的追赶型发展和创新型发展，既是中国和亚洲其他国家近年来展示的突出形象，也关系到未来新科技革命对世界格局的影响。只有通过高水平的国际交往，以大量的国际学术合作、科技交流、

① 鹿春江、徐唯燊：《北京建设全国科技创新中心对策研究》，《北京人大》2019 年第 4 期，第 44~46 页。

② 赵峥、刘芸、李成龙：《北京建设全国科技创新中心的战略思路与评价体系》，《中国发展观察》2015 年第 6 期，第 77~81 页。

人才流动为依托，构建创新交流国际平台，才能推动北京迅速成长为国际科创引领之城。

2. 为科创引领集聚国际高端要素

集聚力是北京建设科创引领之城的基础和重要支撑，也是形成良好创新生态系统的关键和创新生态系统的活力特征。北京加强科技创新中心建设，就要着力增强集聚创新要素的能力。[①] 全球科技创新中心具备以下要素：一是专业化、国际化创新人才高度集聚的人力资本；二是领军企业聚集、企业集群互动合作，如 Facebook、Google 等大量创造出世界前沿技术与科技产品的领军企业均聚集在硅谷；三是金融资本，风投资金为科技创新提供支撑；四是机构与制度匹配，高技术园区和知识创新区作为核心载体，创新体制机制作为保障机制，科技类功能区建设可吸引大量具有高研发能力的组织机构入驻；五是物质与空间环境融合发展，即实现创新平台、创新载体与城市融合发展。[②]

国际交往中心集聚符合首都功能定位的国际高端要素，带动全球性科技资源流入，提升城市国际化能级，为北京科技创新中心建设集聚所需国际高端要素。国际交往中心的建设，必将集聚人力资本、金融资本、机构与制度匹配和物质与空间环境融合发展要素，为北京建设成为国际科创引领之城奠定基础。

3. 为科创引领注入动力源泉

建设科技创新中心是一项全面、系统的重大工程。北京要在体制机制、硬设施、软环境等多方面注重整体推进与聚焦重点相结合，抓住一些能够直接影响科技竞争力、影响创新效能的关键问题精准发力。作为全国科技创新中心，北京有条件、有责任、有能力引领我国的原始创新。而国际交往中心建设为北京科技创新中心建设注入了新动力。

---

① 柯妍：《北京建设全国科技创新中心必须在增强“五力”上出实招》，《科技智囊》2017年第9期，第62~85页。

② 旷薇：《北京建设全球科技创新中心的思考》，载《共享与品质——2018中国城市规划年会论文集（16区域与城市经济）》，中国城市规划年会，2018。

动力取向从要素驱动转向创新驱动是国际交往中心建设的发展趋势，北京国际交往中心建设具备动力支撑功能，即培育国际合作竞争新优势，必将成为科创引领之城的动力源泉和有力的战略支撑。创新是北京经济实现高质量发展的核心引擎，加强现代化经济体系建设是根本路径和条件保障。我们要以优化提升科技创新中心核心功能为引领，加快推进以科技创新为核心的全面创新，激发经济发展的内生动力，推动北京国际交往中心建设。

二 引领国际科创：展现国际交往中心建设实力

北京是中国的首都，这一城市定位与北京建设科技创新引领之城是相契合的，可以提升国际交往中心建设的综合性区位优势。一方面，北京是国家科技创新资源的集中地，集聚了大批科研院所和教育机构，在科技创新资源方面拥有不同于其他省区和城市的明显优势；另一方面，北京是国家乃至国际科技创新的引领者。近年来，北京坚持以高质量发展为核心推动首都新发展，正在加快建设具有全球影响力的科技创新中心，从落实国家战略任务、“三城一区”建设、产业科技体制改革、打造人才高地和推动高精尖产业发展五个方面推进全国科技创新中心建设，为国际交往中心建设奠定基础。

1. 优势集聚，活力迸发

将北京建设成为全国科技创新引领之城，不仅是历史的选择，更是北京在科技创新发展中所培养出的原始创新能力和得天独厚的资源优势的体现。首先，北京创新资源密集。其次，北京的自主创新能力居全国前列，创新创业能力持续增强。2019 年，北京市人工智能相关企业数量突破 1000 家，人工智能人才占内地同类人才总量的 60%，居全国首位。[①] 2018 年，专利申请量和授权量、技术合同成交额，均较 2012 年

① 《教育部：明年全国将建成 50 家人工智能学院》，人民网，2019 年 5 月 17 日，http://edu.people.com.cn/GB/n1/2019/0517/c1006-31089379.html。

翻一番；2012 年以来在京单位主持完成的国家科学技术奖累计达 500 余项，约占全国三分之一；2018 年，日均增加科技型企业约 200 家；北京已创建 3 家国家级制造业创新中心、11 家市级产业创新中心、28 家国家技术创新示范企业、92 家国家级企业技术中心。[①] 最后，北京将科技创新作为推进供给侧结构性改革的重要内容和关键支撑，在新一代信息技术、高端装备制造、新能源汽车、先导与优势材料、生物医药等领域加强创新供给，为经济社会发展培育新动能。[②]

2. 科技创新合作成果丰硕

北京以技术转移、科技园区和孵化器为重点，以国际会议会展为支撑，加强前沿科技创新合作交流，取得了一系列丰硕成果。2013 年以来，北京成功举办 6 届中国（北京）跨国技术转移大会，共促成 7000 多项跨国技术对接，签约金额超过 1000 亿元人民币。[③] 2018 年，北京全社会研究与试验发展（R&D）经费占地区生产总值（GDP）比重居全国之首，基础研究经费占 R&D 经费的比重约 15%；北京地区的国家重点实验室等国家科技创新基地占全国 1/3 左右，拟建、在建及已经运行的国家重大科技基础设施 19 个；截至 2018 年底，北京地区每万人发明专利拥有量 111.2 件，位居全国第一；有 69 项成果获 2018 年度国家科学技术奖，占全国通用项目获奖总数的 30.8%，连续三年获国家自然科学奖一等奖；在 2018 年度“中国科学十大进展”中，北京主导和参与的有 6 项；英国《自然》杂志增刊《2018 自然指数—科研城市》对

① 《北京晒出科技创新“大数据”》，新华网，2019 年 8 月 26 日，http：//cx.xinhuanet.com/2019-08/28/c_138344294.htm。

② 姜天海：《北京：创新引领，打造全国科技创新中心》，《科学新闻》2017 年第 5 期，第 26～29 页。

③ 《不断深化拓展国际交流合作　主动推进共建“一带一路”走深走实》，北京市人民政府网站，2019 年 11 月 12 日，http：//www.beijing.gov.cn/zfxxgk/110002/gzdt53/2019-11/12/content_33344de352e04 865b34556c5bad670b0.shtml。

全球500个城市的评价显示，北京蝉联全球第一。[①]

3. 科技创新领域跑出“加速度”

北京在全国科技创新领域跑出“加速度”，建设成果红利不断释放，关键指标领跑全国，达到国际一流水平：2018年，北京研究与试验发展经费投入强度达6.17%，居全国之首，是全国平均水平的2.8倍；全员劳动生产率达24.4万元/人，全国最高，是全国平均水平的2倍以上。全国约三分之一的创业投资额、技术合同成交额、国家科学技术奖项发生在北京。[②]

由北京科技战略决策咨询中心、北京市科学技术研究院与联合国大学马斯特里赫特创新与技术经济社会研究所共同发布的“北京全国科技创新中心指数”显示，2018年，北京科技创新中心指数得分322.9，是2014年指数得分近两倍，年均增速超过18%，明显高于2010年至2013年11.8%的年均增速。北京日均新设科技型企业由2014年的146家增加到2018年的199家。2014年至2018年，北京输出到天津、河北的技术合同成交额累计超过780亿元，年均增速高达30%。[③]

4. 注重提升原始创新能力和核心技术攻关

2018年，北京共有80家企业入选全球独角兽榜单，居全国首位，中关村创业投资案例数、金额均居全国第一。高精尖产业发展成效显著，近五年，规模以上高技术制造业增加值年均增长11.5%。[④] 此外，怀柔科学城正集中建设一批大科学装置，综合性国家科学中心建设全面展开，综合极端条件实验装置、地球系统数值模拟装置建设顺利推进，高能同步辐射光源可研报告已获批复，多模态、跨尺度生物医学成像设

① 《建设具有全球影响力的科技创新中心，北京快马加鞭》，百家号经济日报，2019年5月26日，https://baijiahao.baidu.com/s?id=1634607013144046741&wfr=spider&for=pc.

② 王漪：《“一带一路”的北京新篇章》，《投资北京》2019年第5期，第14~21页。

③ 《北京全国科技创新中心建设跑出“加速度”》，新华网，2019年10月17日，http://www.xinhuanet.com/2019-10/17/c_1125117973.htm。

④ 《北京打造四大平台共建“一带一路”》，中关村软件园，2019年4月29日，http://www.zpark.com.cn/newsinfo.aspx?id=12116。

施和子午工程二期正在加快推进可研审批。5个首批开工的前沿交叉研究平台主体结构全部封顶，北京纳米能源与系统研究所整建制搬迁入驻。①

5. 创新创业服务体系日臻完善

创新创业服务体系的不断完善为北京创新创业生态系统的进一步优化提供了平台支撑，促进了2020年第二步发展目标的实现。随着国家“大众创业、万众创新”的政策鼓励和北京市全国科技创新中心建设的逐渐深入，近几年孵化器机构大幅增加，仅2015年就增加超过200家，接近之前全部孵化器数量的一半，到2017年9月，北京市孵化器机构数量达到796家，超过3成的孵化器位于海淀区。

创业投资基金和股权投资基金是大众创业、万众创新的重要支撑，为创业企业直接融资提供了良好的渠道。截止到2017年9月，北京市创业投资基金管理机构数量达到3917家，占全国的18.8%，近三年来大幅增加。创业投资基金管理机构注册在朝阳区的最多，达到1221家，其次是海淀区，为1134家，两区合计达到2355家，占全市创业投资基金管理机构的60%。②

第六节 国内发展的带动之城

国际经验表明，世界级城市群在形成发展过程中，十分重视发挥核心城市的辐射带动作用，促使城市群形成合理的功能分工格局。北京国际交往中心建设需充分发挥其辐射带动作用，展示首都国际形象，参与全球竞争，提升国际影响力。具体而言，需发挥以下两个层面的辐射带动作用：京津冀区域层面，北京作为首都，是京津冀协同发展的核心，

① 《北京全国科技创新中心建设跑出“加速度”》，新华网，2019年10月17日，http：//www.xinhuanet.com/2019-10/17/c_1125117973.htm。

② 《北京市建设科技创新中心初具规模》，新华网，2018年2月6日，http：//www.xinhuanet.com//tech/2018-02/06/c_1122373197.htm。

也是京津冀协同发展的“双引擎”之一，借助国际交往中心建设，构建以首都为核心的京津冀城市群体系，提升京津冀城市群在全球城市体系中的引领地位；对外开放层面，国际交往中心是国家外交大战略的特色内容，是对外开放新格局的有力支撑，北京建设国际交往中心，在政治上，可以将首都的开放推向更高层次，树立崭新的对外开放形象。

一 北京国际交往中心建设带动京津冀协同发展

2015 年 4 月 30 日，中共中央政治局召开会议审议通过了《京津冀协同发展规划纲要》，明确三省市定位：北京市为“全国政治中心、文化中心、国际交往中心、科技创新中心”，天津市为“全国先进制造研发基地、北方国际航运核心区、金融创新运营示范区、改革开放先行区”，河北省为“全国现代商贸物流重要基地、产业转型升级试验区、新型城镇化与城乡统筹示范区、京津冀生态环境支撑区”。区域整体定位体现了三省市“一盘棋”的思想，突出了功能互补、错位发展、相辅相成；三省市定位服从和服务于区域整体定位，符合京津冀协同发展的战略需要。

习近平总书记于 2014 年和 2017 年两次视察北京并发表重要讲话后，2017 年，北京市编制了新一版城市总体规划《北京城市总体规划（2016 年—2035 年）》（简称“北京新总规”），明确提出构建以首都为核心的京津冀城市群体系，提升京津冀城市群在全球城市体系中的引领地位，在推动非首都功能向外疏解的同时，大力推进内部功能重组，引领带动京津冀协同发展。

1. 京津冀协同发展扎实推进

交通、生态环境和产业领域取得突破。交通方面，京津联手打通或拓宽京台、京港澳、京昆、首都地区环线等“断头路”，北京大兴国际机场 2019 年 9 月底投入运营，交通更加便捷。生态环境方面，京津冀实施联防联控联治，联合开展治污行动，建立潮白河、引滦入津等跨区域横向生态补偿机制，永定河综合治理与生态修复工程加快实施，京津风沙源治理等重大工程顺利推进，大气环境质量明显改善，2018年，京津冀28个城市的空气质量明显提升，平均优良天数比例达到50.5%，同比上升1.2个百分点。[①] 产业方面，协作更加紧密。

“三区一基地”建设扎实推进。河北省超额完成钢铁等行业化解过剩产能“6643”工程，持续加压推进“432511”工程，大力发展战略性新兴产业和现代服务业，仅2017～2018年，河北省新增国家级高新技术企业近3000家，2018年全省高新技术产业增加值占规模以上工业比重提高到19.5%。[②]

合作日益密切。2018年，北京技术合同成交额占全国的37%，其中70%以上输出到国内其他省区市和国外。2016年，输出津冀技术合同3848项，成交额154.7亿元，同比增长38.7%。[③] 京冀“6+1”、津冀“4+1”战略协议合作事项全部完成，2018年河北与京津签署新一轮战略合作协议，明确了25个方面76项合作事项；定期举行廊坊“5·18”国际经贸洽谈会，联合京津、国家有关部委先后举办了“央企进河北”、京津冀产业转移对接会、民企入冀等对接洽谈活动，积极开展项目推荐和招商引资。[④]

2. 北京国际交往中心建设为京津冀协同发展提供全球性资源

世界需要一个东方国际交往中心，北京建设国际交往中心是中国开展对外交流、参与国际事务的必然要求，对于北京城市功能战略调整具有重要意义。北京建设国际交往中心，需发挥好北京作为核心的辐射带

---

① 《2018年空气质量榜单发布 京津退出“最差榜单”》，新华网，2019年1月8日，http://www.xinhuanet.com/city/2019-01/08/c_1210032703.htm。

② 《河北省国家级高新技术企业两年增3000家》，河北新闻网，2019年2月28日，http://hebei.hebnews.cn/2019-02/28/content_7356809.htm?spm=0.0.0.0.O0KbXM。

③ 姜天海：《北京：创新引领 打造全国科技创新中心》，《科学新闻》2017年第5期，第26～29页。

④ 党晓龙：《推进京津冀协同发展向纵深挺进》，《共产党员（河北）》2019年第17期，第31～32页。

动作用，高质量有序疏解非首都功能，推动京津冀地区发展，将北京建设成为具有广泛和重要国际影响力的全球中心城市。

推动京津冀协同发展是一个重大的国家战略，核心是有序疏解非首都功能，要在京津冀交通一体化、生态环境保护、产业升级转移等重点领域率先取得突破。这意味着京津冀地区政策互动、资源共享、市场开放会被纳入体系化、全局性设计中。这有利于统一规划产业布局、生态结构，建立一体化市场，将首都"健体"做减法和区域联动算加法相结合。国际优质要素的聚集地在北京，以北京为交往和创新平台，可以为京津冀城市群的经济发展、社会治理、文化提升和环境改善提供全球性资源。①

在京津冀区域层面，北京是京津冀协同发展的核心，也是京津冀协同发展的引擎。北京要重点调整疏解非首都功能，优化提升首都核心功能，进一步加强京津双城之间的联动，落实京津双城的职能分工，扩大京津合作范围，加快同城化的发展步伐，发挥引领辐射带动作用。

3. 京津冀协同发展为北京建设国际交往中心提供"后备支撑"

2014 年，习近平总书记视察北京，指出北京要坚持和强化首都全国政治中心、文化中心、国际交往中心、科技创新中心的核心功能。2017 年，北京新的城市规划正式确认了"四个中心"的城市战略定位，并把疏解非首都功能作为未来城市定位调整发展的"牛鼻子"。未来北京将进入"都"与"城"、国际交往中心建设并举的三维时代。

京津冀城市群是京津冀实现区域合作、优势互补、互联互通、协同发展的重要载体。北京作为京津冀核心城市，要加强与津冀两地在外宾接待、侨务、友城建设等方面的合作，实现三地外事资源优势互补。应积极推进北京国际交往中心的功能建设，在推进雁栖湖国际会都、冬奥会场馆等重大设施建设的同时，研究其后续的国际交往增生功能。优化

① 周鑫宇：《国际交往中心建设的新内涵》，《前线》2018 年第 9 期，第 74~75 页。

城市环境，结合“疏解整治促提升”行动，重点研究国际交往中心建设空间布局需要，加强与相关部门的沟通和联系，为国际交往规划预留和储备好用地空间，为北京国际交往中心建设提供“后备支撑”。

二　国际交往中心树立崭新的对外开放形象

党的十九大报告提出“推动形成全面开放新格局”，中国开放的大门不会关闭，只会越开越大。党和国家毫不动摇地继续坚持对外开放的基本国策，继续走扩大开放的发展路线，推动全面开放新格局的形成。形成全面开放新格局的内涵与任务，是新时代城市对外交往工作的思想指引。在此背景下，城市对国家外交总体战略的服务和支撑作用日益凸显，为构建全面开放新格局提供平台和抓手，也成为我国走向国际舞台、开展对外交往合作的重要主体。

国际交往中心是国家外交大战略的特色内容，是对外开放新格局的有力支撑，也是城市国际化发展的高级形态，在国家经济社会发展中具有显著优势地位，肩负着配合国家总体外交的重要战略使命，在政治、经济、文化发展和社会进步方面可以充分发挥辐射带动作用。北京作为首都，既承担着中国特色大国外交舞台场所“供应地”的角色，又要参与同东京、新加坡等亚洲区域性城市国际交往资源的竞争，还要参与同纽约、伦敦、巴黎等全球城市国际交往资源的竞争。北京建设国际交往中心，在政治上，将首都的开放推向更高层次，作为我国在 21 世纪进一步实行对外开放国策的重要标志，可树立崭新的对外开放形象。

1. 树立崭新的对外开放形象：国际交往中心建设新机遇

我国对外开放所走的漫漫长路经历了跌宕起伏的几个阶段。从改革开放初期至 2005 年左右，国内对外开放处于从封闭、半封闭的状态到打开国门的时期，这是想方设法利用国外的资本、技术、经验和市场来促进国内改革与发展的阶段；第二阶段是调整对外不平衡的时期，开始从单纯地促进贸易和投资的政策向再平衡政策进行调整；第三阶段就是今天所处时期，党的十八大以来中国逐步进入全面对外开放的新时期，主旋律就是中国走向国际化。[①] 党的十九大报告明确提出“推动形成全面开放新格局”的重大战略部署，为中国进一步扩大对外开放指明了方向和明确了任务。中国打开国门走上对外开放的征程，其发展路径由“改革开放”到“开放改革”，再到“中国国际化”。中国国际化的标志是自由贸易区建设、“一带一路”建设、开放性金融建设、国际合作平台建设和跨国公司建设“五位一体”，形成了“一个目标”“两大动力”“五个重点”“双重路径”的对外开放新格局。[②]

北京国际交往经历了四个阶段。第一阶段，新中国成立至 1978 年改革开放，北京城市对外交往处于起步阶段，受到新中国成立初期中苏关系的影响，北京与国际社会的交往有较大的局限性，外事机构比较单一，对外交往主要围绕国家总体外交战略展开。第二阶段，以党的十一届三中全会为起点，中国进入对内改革、对外开放的社会主义现代化建设新时期，北京也迈开了对外开放的步伐。20 世纪 80 年代中国外交进入大调整时期，北京市外交理念根据中央外交重点的转变做出相应调整，1982 年 2 月，市委外事工作领导小组成立，北京市外事工作体系进一步完善，北京对外交往活动也形成一定的体系，并积极开展与国际大城市的交流与合作，这段时间内，北京市选准对外交往中的着力点，既坚持服务于中央外交，又大力建设涉外环境，提高北京市的国际影响力。第三阶段，21 世纪的第一个 10 年北京进入对外交往飞跃发展的时期，这一时期，北京在为中央对外交往提供优质服务、协助中央单位做好外事接待工作、协助承办国际会议和全球性活动等方面发挥了重要作用，充分展示出崛起中大国首都的城市魅力。21 世纪后，北京国际交

① 张倪：《以“一带一路”建设为统领，开创对外开放新格局》，《中国发展观察》2016 年第 7 期，第 24~26 页。

② 张玉杰：《中国对外开放的新格局：走向国际化》，《晋阳学刊》2017 年第 4 期，第 86~94 页。

往的步伐加大、加快，逐渐成为越来越多跨国公司总部的聚集地。2008年，第29届夏季奥林匹克运动会在北京成功举办，成为北京国际交往活动中有重大历史意义的事件，北京市国际影响力得到提升，更多的外资机构和国际组织入驻。第四阶段，2010年以后，随着我国全面开放新格局的形成，北京国际交往中心建设被提升到国家战略的高度，成为中央赋予北京的核心功能。随着国家战略调整和对外开放格局的演变，北京城市总体规划不断完善和优化，2014年2月，习近平考察北京时提出“四个中心”，即全国政治中心、文化中心、国际交往中心、科技创新中心，要求努力把北京建设成为国际一流的和谐宜居之都。北京国际交往中心建设是中国开展对外交流、参与国际事务的必然要求，对首都城市功能战略调整、服务中央开展全方位外交活动、向世界展示中国深化改革的国家形象具有重要意义。①

2. 开创高水平对外开放新局面：国际交往中心建设活力进一步释放

当前，我国进入持续深化高水平对外开放的历史新阶段。2019年9月，蔡奇在北京推进国际交往中心功能建设领导小组第一次全体会议上强调：“要深入推动全市高水平开放发展。利用好北京对外交往宝贵资源，服务全市开放发展。大力吸引外资，重点引进国际知名企业总部、研发中心等机构落地。规划建设国际组织集聚区，吸引一批国际组织及代表机构落户。推动世界旅游城市联合会等机制化组织化，做好亚投行等组织对接服务。办好中关村论坛，提升中国国际服务贸易交易会品牌影响力，争取更多重大国际会议、国际会展、国际体育赛事在京举办。提升城市文化国际影响力，加强友城交往，办好‘北京日’‘北京周’‘北京之夜’，打造更多品牌性公共外交和民间外交活动。”②

① 刘波等：《“一带一路”背景下的北京国际交往中心建设》，中国经济出版社，2017。

② 《北京推进国际交往中心功能建设领导小组召开第一次全体会议》，北京市人民政府网站，2019年9月10日，http://www.beijing.gov.cn/zfxxgk/sjsq017/ywdt/2019-09/10/content_6f4d6165784c46a58d84d55a9b14a63a.shtml。

在开创高水平对外开放新局面时代背景下，北京公共外交的内在动力和外在拉力被充分激活，能够吸引各个领域、各个层面的交往主体，以更加创新多元的形式、更加灵活弹性的内容丰富中国特色大国外交实践。首先，国际高端要素不断聚集。1979 年北京有驻华使馆 120 家，占地面积 151 公顷。到 2017 年底，驻华使馆增加至 168 家，占地面积 276 公顷；截至 2017 年底，北京共有 7 家联合国机构和国际组织总部，25 家国际组织分支机构，236 家驻京境外新闻媒体。1995 年在京常住外籍人员 3.97 万人，2017 年底达 13.8 万人。累计引进诺贝尔奖获得者 5 人，“千人计划”人才 1658 人。[①] 亚洲基础设施投资银行、丝路基金总部、世界知识产权组织中国办事处等落户北京；据 ICCA 统计，2018 年北京举办国际会议数量为 93 场，较 2017 年增长 12.9%。

国际交往活动不断丰富。成功举办 2018 年中非合作论坛北京峰会、第一届和第二届“一带一路”国际合作高峰论坛、2019 年北京世园会、2019 年男篮世界杯等大型国际活动，成功申办和积极筹备 2022 年冬奥会，发挥重大国际活动对首都经济社会发展的带动效应。

多领域交流合作深入推进。改革开放后，作为中国的首都，北京充分利用自身条件，发挥有力的地缘优势、文化资源优势，在国际化进程中扩大对外交往方面做了有益探索。例如拟打造“北京之夜”“魅力北京图片展”等品牌文化交流活动，大力引进全球高端科技资源和人才，鼓励知名大学、研究院所、企业在北京设立研发中心，积极完善旅游公共服务体系和多语种服务体系，营造便利的国际化消费环境等。

不断完善国际交往机制。积极参与“一带一路”建设，建立与亚投行、丝路基金等平台的对接机制，加强与沿线国家的关键通道建设，形成对外开放新格局。利用服务业扩大开放综合试点契机，搭建与国际规则相衔接的服务业扩大开放的基本框架。

---

① 熊九玲：《勇立改革潮头，擘画开放蓝图——改革开放 40 年与国际交往中心建设》，《前线》2018 年第 8 期，第 32~34 页。

3. 推动“一带一路”高质量发展：国际交往中心建设新契机

“一带一路”倡议是习近平新时代中国特色社会主义外交思想的重要组成部分，是我国对外开放的“2.0版”，不仅成为拉动我国经济的新引擎，还将推动形成我国全方位开放新格局。党的十九大报告中指出，新时代中国全方位外交布局需要实施共建“一带一路”倡议。[①]未来中国将会借助共建“一带一路”，建立更大范围、更宽领域、更深层次、更趋平衡的对外开放新格局。

加快“一带一路”建设，对新时代推进中国全方位对外开放和北京国际交往中心建设具有重大而深远的意义。“一带一路”倡议的实施体现出中国从过去重视“引进来”向现在“引进来”与“走出去”相结合的决策转变，并且体现出对“走出去”的重视。“一带一路”倡议并不是简单助力中西部地区对外开放，而是与京津冀协同发展、长江经济带等国内发展规划形成对接，在更深层次上带动中国内地与世界各国的联系。[②]中国将会由过去的向东开放，转变为东西兼顾；由东部地区率先发展，转变为东、中、西部地区共同发展，努力打造全方位、多领域、深层次的对外开放新格局，为国际交往中心建设创造条件。

北京国际交往中心建设与“一带一路”建设有异曲同工之妙：都有助于树立国家全面深化改革的形象，不断提高我国的对外开放水平。“一带一路”、北京国际交往中心与京津冀协同发展之间是大三角的互动关系。北京市作为“一带一路”北线及中线建设的重要节点城市，是中国特色大国主场外交核心承载地，随着国家外交战略的实施，将有越来越多的重大国际活动在北京举办，国际交往中心建设在服务国家总体外交和地方经济社会发展方面将会发挥重要作用。[③]

---

① 习近平：《决胜全面建成小康社会 夺取新时代中国特色社会主义伟大胜利》，《人民日报》，2017年10月28日，第1版。

② 刘方平：《“一带一路”引领新时代中国对外开放新格局》，《甘肃社会科学》2018年第2期，第64~70页。

③ 刘波等：《“一带一路”背景下的北京国际交往中心建设》，中国经济出版社，2017。

随着“一带一路”建设的深入开展，国际交往中心的内涵将更加丰富。北京须把握“一带一路”建设这一契机，打造国际交往中心。政治功能方面，北京可搭建“一带一路”参与区域国家政治交流的重要平台。“一带一路”建设是北京施展城市外交魅力的绝佳契机，相较于“一带一路”沿线其他国家的城市，北京有明显的优势。北京拥有丰富的历史文化资源和旅游资源，完善的国际交往设施和较强的接待服务能力，理所当然成为“一带一路”沿线国家政策沟通和政治交往的“桥头堡”。经济功能方面，北京市作为“一带一路”北线及中线建设的重要节点城市，在产业、项目建设上有较大的发展优势，可依托“一带一路”沿线国家产业合作基地，推进国际交往中心建设。社会文化功能方面，借助“一带一路”建设，北京可以打造成国家社会文化活动的聚集地和友好交往的中心城市。

第三章
北京建设国际交往中心的进展与挑战

第一节　北京建设国际交往中心的优势

一　政治优势注入内生动力

首都是国家的政治中心，是集中展示国家物质文明和精神文明的窗口，是国家精神和民族凝聚力的象征，因而也是国际国内交往的桥梁和纽带。其政治功能主要表现在以下三个方面：一是作为国家政权机构中心、国家法律政策中心和民族国家整合中心在内的政治功能；二是作为国防军事指挥中心、国内稳定中心在内的卫戍功能；三是作为国防政治外交中心、国际金融贸易中心、国际文化交流中心在内的国际功能。[①]这些政治功能的有效发挥将形成一个巨大的“能量场”，对各种资源具有极大的吸引力和辐射力。同时，作为一种能够长期发挥作用的战略性无形资产，政治优势在很大程度上影响和决定着其他要素的数量和质量。

首都北京就像一面旗帜，它所代表的不仅是表面的物质内容，而且反映出一个国家的政治意志，表现民众对国家的理想、信念、抱负与期望，是民族与国家的象征，是世界观察亚洲、了解中国的窗口。[②] 这种

---

① 彭兴业：《首都城市功能研究》，北京大学出版社，2000。

② 王树林：《首都优势：北京发展经济的核心优势》，《新视野》2009 年第 5 期，第 57~60 页。

标志与象征是任何非首都城市都无法取代的，而北京建设国际交往中心是中共中央总书记习近平对北京的核心功能做的明确的城市战略定位，因此，北京建设国际交往中心不仅是首都北京自己的事，而且关系到国家的形象和利益。发挥北京独有的政治优势将是促进北京建设国际交往中心的最重要的基础性要素。

北京是全国人民代表大会常务委员会、中国共产党中央委员会和国务院所在地，设有众多国家机关，是国家的“心脏”。同时北京设有众多国家的大使馆和领事馆，是我国外事外交重要的交流平台。这里不仅是中国的信息和决策中心，影响着国内的经济、社会和文化走向，同时也是中国各种要素“走出去”和全球要素“引进来”的前沿阵地，影响着国际政治、经济和社会发展。因此，北京对全球的总部经济、文化等均具有巨大的吸引力。

二　文化优势增添人文魅力

文化是城市的灵魂，也是一座城市最具影响力的名片。北京有着3000多年建城史和800多年建都史，是中国及东方几千年古老文化的浓缩点和典型代表，也是国务院公布的首批中国历史文化名城之一。北京的文化是古老文明与现代精神的交融汇合，具有较强的开放性和包容性，其文化软实力和文化竞争力在全国居于前列，北京所具有的文化吸引力，使其成为凝聚全国人民的强大力量；北京所具有的文化原创力，使其成为我国文化创造的重要源泉。

北京的世界级、国家级、市级文化遗产极为丰富而珍贵。北京拥有众多古迹和人文景观，是全球拥有世界遗产最多（7处）的城市，是全球首个拥有世界地质公园的首都城市。据北京市统计局、文物局和文旅局官网信息，截止到2018年12月底，北京市范围内共有博物馆179个（免费开放82个），群众文化馆、艺术馆20个，A级以上景区253个，世界文化遗产7处，全国重点文保单位128个，市级文保单位357个。[①] 富有魅力的多样性文化以及不断发展的国际文化交流，既是我国文化中心功能的体现，也是全方位吸引国内外游客、促进国际城市发展的基础。近年来，北京市发布了《北京市促进设计产业发展的指导意见》《北京"设计之都"建设发展规划纲要（2012—2020年）》等政策文件，研究了《北京市促进文化科技融合发展的若干意见》，举办了联合国教科文组织创意城市北京峰会、中国设计红星奖颁奖活动，加强了三维仿真等共性关键技术攻关，推广了大数据、云计算等技术的落地与应用，进一步提升了传统文化软实力，培育了新型文化业态，推动了文化消费新格局的形成。北京具有的文化影响力，已经引起全球高度关注，尤其是经过奥运会的传播，北京的城市形象和城市品牌知名度大大提升。根据北京市统计局、国家统计局北京调查总队发布的《北京市2018年国民经济和社会发展统计公报》，2018年北京接待入境旅游者400.4万人次，旅游外汇收入55.2亿美元。

三　经济和金融优势激发发展活力

北京的经济和金融地位与其政治地位有着十分密切的关系。在全球和全国城市网络中，北京除了没有证券交易所，无论是资本、技术流动，还是审计和法律服务，北京都是在全球化浪潮中对全国经济具有绝对控制地位的国家中心城市。[②] 作为中央宏观调控部门和监管部门的所在地，北京集中了全国金融业的优势资源，聚集了国家金融决策和监管机构，还聚集了中国银行业协会、中国证券业协会、全国性金融行业协会、中国上市公司协会等10家国家级金融行业协会和组织，成为全国独一无二的金融管理、决策、监管和信息发布中心，其金融资产总量占

① 《北京旅游及核心文化消费"80后""90后"占优》，百家号新华网，2019年6月17日，https://baijiahao.baidu.com/s?id=1636557497041378828&wfr=spider&for=pc。

② 陈睿、王娅、邢宗海：《从全球（全国）城市网络看北京建设世界城市的前景》，《北京规划建设》2010年第6期，第24~27页。

全国一半，居全国各城市之首。[①]

经济优势主要体现在经济总量和产业结构两个方面，经济总量是一个城市辐射力和影响力的基础，而产业结构直接决定了经济发展的质量和城市发展的层次。根据北京市统计局、国家统计局北京调查总队发布的《北京市 2018 年国民经济和社会发展统计公报》，截至 2018 年底，北京市实现地区生产总值（GDP）30320 亿元，人均地区生产总值实现 14 万元，人均可支配收入 62361 元（见图 3-1）。目前，北京人均 GDP 已经超过 5000 美元，相当于世界中等收入国家和地区的水平，是我国经济发展水平较高的特大城市之一，经济发展呈现总部型经济、服务型经济、开放型经济、消费型经济和创新型经济的特征。在 2018 年 9 月公布的第 24 期全球金融中心指数（GFCI）[②] 排名中，北京位列第 8。

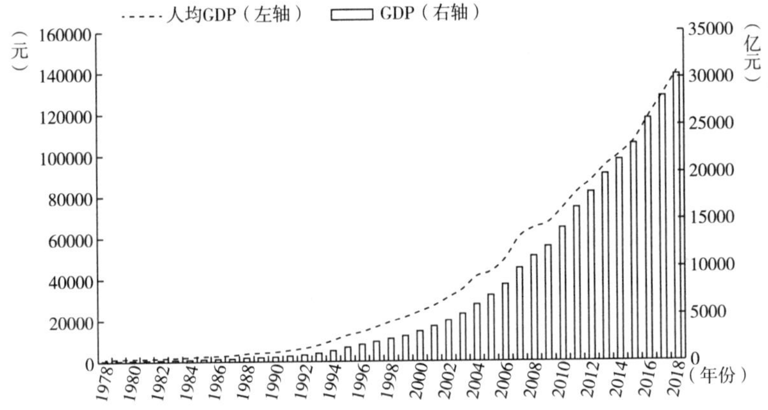

图 3-1　1978~2018 年北京市 GDP 和人均 GDP

资料来源：作者根据相关政府官方网站提供的数据整理而成。

① 顾朝林、袁晓辉：《建设北京世界城市的思考》，《城市与区域规划研究》2017 年第 2 期，第 211~238 页。

② 全球金融中心指数的评价体系涵盖了营商环境、金融体系、基础设施、人力资本、声誉及综合因素五大指标。

在经济结构方面，北京市三次产业结构不断优化，第一、第二产业占比降低，第三产业占比则不断提高。2016 年至 2019 年上半年，北京市第三产业逐步成为主导产业，对经济增长的贡献率超过 8 成，成为全市经济的“压舱石”（见图 3-2）。

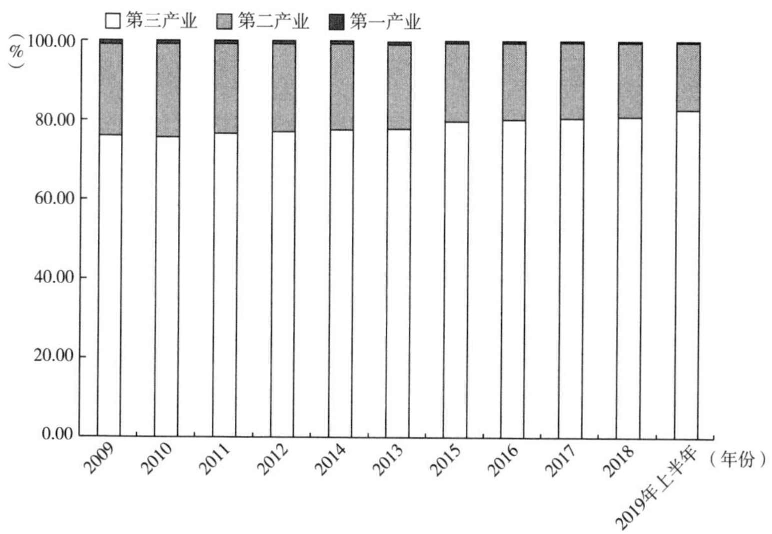

图 3-2　2009～2019 年上半年北京市三次产业占比

资料来源：作者根据相关政府官方网站提供的数据整理而成。

同时，产业内部结构朝“高精尖”方向发展。农业由传统种植业向现代农业、由重生产功能向重生态功能转变。根据北京市统计局 2019 年 8 月发布的《新中国成立 70 周年北京经济发展情况》，2018 年，规模以上工业中，高技术制造业、战略性新兴产业产值比重分别为 22% 和 23.4%（两者有交叉）。服务业在规模不断扩大的同时，结构逐步优化。以金融业、信息服务业、商务服务业、科技服务业等为主的现代服务业占第三产业的比重在 2018 年达到 75.8%。经济增长向消费趋于主导转变。2018 年全市消费率达到 61%，高于投资率 23.8 个百分点，对经济增长的贡献率超过 7 成。消费增长由依靠商品消费向商品消费、服务消费双轮驱动转变。服务性消费蓬勃兴起，占市场总消费的比重超过一半，对总消费增长的贡献率在7成左右。固定资产投资经历了从快速扩张到平稳推进、从重经济效益向重社会效益的转变。党的十八大以来，高技术制造业占制造业投资的比重大幅提高，由2012年的20.1%提高至2018年的52.4%，对产业转型升级发挥了重要作用。产业结构的调整和高级化，将促进与周边地区的分工和合作，加速首都经济圈的形成和拓展，为北京建设国际城市奠定良好的区域基础。[①]

四　人才和科技优势提升竞争潜力

人才是社会文明进步、国家繁荣昌盛、人民幸福的重要推动力量，是我国经济社会发展的第一资源。党的十九大报告指出，人才是实现民族振兴、赢得国际竞争主动的战略资源。科学技术是经济社会发展中最活跃、最具革命性的因素。人类文明每一次重大进步都与科学技术的革命性突破密切相关。科学技术作为人类智慧的伟大结晶，创造了巨大的物质财富和精神财富，其作为第一生产力的作用日益突出。

北京是全国科技智力资源最集中的城市，科技资源总量约占全国的1/3。北京有90多所高校、1000多家科研院所、120个国家重点实验室（约占全国的1/3）、68个国家工程技术研究中心，还有86万名左右在校大学生，以及2.5万家国家级高新技术企业。据统计，北京入选全球“高被引科学家”达到47人，两院院士有756人，占全国总数的46.7%；吸引“千人计划”人才1658人，约占全国的1/4；入选“万人计划”人才682人。北京“海外高层次人才聚集工程”人才916人，“高层次人才创新创业计划”人才428人，“北京学者计划”人才42人，“首都科技领军人才培养工程”人才210人，“北京科技新星计划”人才2275人。[②] 北京研发投入力度大，2009~2018年，北京市研究与试

① 《新中国成立70周年北京经济发展情况》，2019年8月19日，北京市人民政府网站，http://www.beijing.gov.cn/gongkai/shuju/sjjd/t1597128.htm。

② 《北京每万人拥有76.8件发明专利　为全国9.6倍》，《新京报》，2017年10月17日。

验发展（R&D）经费内部支出不断增多（见图 3-3）。每年国家科技成果一等奖和“中国科学十大进展”中，有大概一半来自北京。[①] 为吸引更多人才，北京制定实施了《新时代推动首都高质量发展人才支撑行动计划（2018—2022 年）》，在人才引进、评价、激励等方面打出“组合拳”，全力打造创新人才高地。

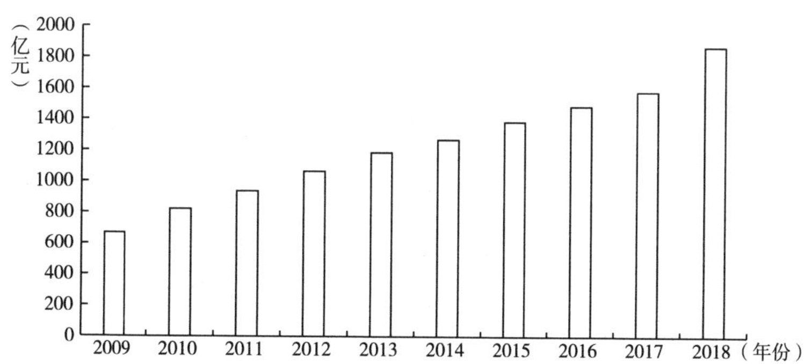

图 3-3 2009~2018 年北京市研究与试验发展（R&D）经费内部支出情况

资料来源：作者根据相关政府官方网站提供的数据整理而成。

此外，北京得到了智库强有力的支持。北京的智库建设为国际交往中心的建设提供了有力支撑。目前，北京共有智库 194 所，其中，党职能部门智库 46 所、高校智库 94 所，分别从不同层面、不同视角影响着党委政府决策，决策影响力和社会影响力不断增强，在推动首都科学发展过程中起到了重要作用，同时也为北京的对外交流提供了重要智力支撑。2017 年，北京市科协启动专业智库群建设，已确定首批 8 个试点单位，计划到 2020 年建成开放式的专业智库群。[②] 2018 年 7 月，北京市国际交往中心建设专家智库成立。

---

① 《彰显首都首善　展示大国自信》，《光明日报》，2019 年 9 月 20 日，http：//epaper. gmw. cn/gmrb/html/2019-09/20/nw. D110000gmrb_20190920_1-04. htm。

② 《北京市专业智库群 2020 年建成》，新华网，2018 年 3 月 13 日，http：//www. xinhuanet. com//city/2018-03/13/c_129828587. htm。

科技资源丰富。北京科技企业高度聚集，约占全国的 1/4，其中有一大批科技上市公司、跨国公司地区总部、世界 500 强企业及外资研发机构。北京聚集了大批科技创新载体，国家级科技创新基地约占全国的 1/3，各类大型科研仪器设备占全国的 1/4 以上，国家级产业技术创新联盟占全国的 40%以上。同时，北京承担的国家科技重大专项占全国的 40%。这些重要的科技资源是北京建设全国科技创新中心的重要依托和保障。截至 2018 年底，北京高新技术企业总数 24691 家，北京每万人发明专利拥有量为 111.2 件，是全国平均水平的 10 倍左右。2009~2018 年，北京市发明专利数逐年增加，见图 3-4。

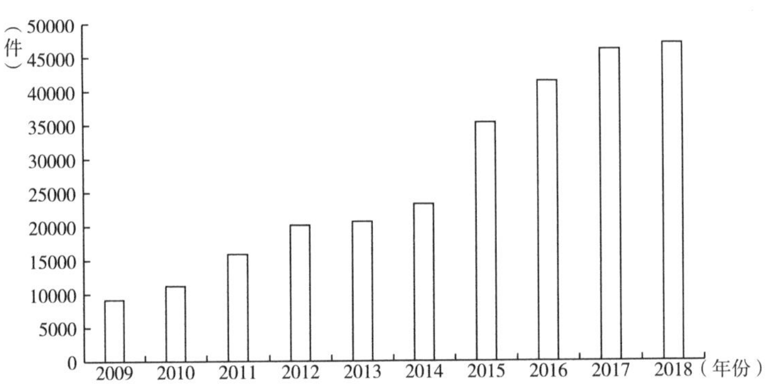

图 3-4　2009~2018 年北京市发明专利数

资料来源：作者根据相关政府官方网站提供的数据整理而成。

在 2018 年度“中国科学十大进展”中，北京主导和参与的有 6 项。北京市技术合同成交额同比增长 10.5%，辐射京外作用明显。在 2018 年度国家科学技术奖励大会上，北京市主持完成的 69 项成果获国家科学技术奖，占全国通用项目获奖总数的 30.8%。北京还在“2018 中国城市科技创新发展指数”中排名全国第一；英国《自然》杂志增刊《2018 自然指数—科研城市》对全球 500 个城市进行了评价，北京蝉联全球第一。此外，北京建设的中关村科学城、怀柔科学城、未来科学城和北京经济技术开发区“三城一区”成为全国科技创新中心的主平台。如今，高精尖产业正领跑北京经济增长。2018 年，北京地区生产总值超 3 万亿元，新经济实现增加值超 1 万亿元，其中高技术产业实现增加值 6976 亿元，同比增长 9.4%。[①]

科技创新活力强。北京是当之无愧的全球创新创业最活跃的城市，每天新产生约 200 家创新型企业，创业投资金额和案例数占全国的 30%左右。[②] 其中，中关村已拥有 500 多家创业孵化机构、600 多个创新型社会组织，活跃着 1800 多家创投机构，天使、创投案例和金额占全国的 1/3。[③] 如果看科技创新的 VC/PE 投资，全球城市中，北京仅次于硅谷，在最新的独角兽榜单中，北京有 82 家企业入选，占全国近一半。在一些优势创新领域，北京的特色更加明显，比如在人工智能领域，全国 60%的人工智能人才聚集在北京，全球人工智能企业 100 强中，中国有 6 家，其中北京有 5 家。[④]

中关村国家自主创新示范区企业经营及科技活动情况（2008~2018 年）见表 3-1。

第二节　北京建设国际交往中心的进展

一　服务国家总体外交能力显著提升

新中国成立以来，尤其是改革开放之后，北京市配合国家总体外交需求，承接了大量高规格国际接待任务。在一些特殊场合，北京市还扮

① 《本市今年全产业链布局人工智能》，《北京日报》，2019 年 3 月 7 日，http：//bjrb. bjd. com. cn/html/2019-03/07/content_9176110. htm。

② 《北京：迈向国际一流和谐宜居之都（权威发布）》，人民网，2019 年 9 月 20 日，http：//house. people. com. cn/n1/2019/0920/c164220-31363373. html。

③ 《中关村创业者中，“80 后”“90 后”占一半》，新浪科技，2019 年 10 月 16 日，https：//tech. sina. com. cn/roll/2019-10-16/doc-iicezzrr2593422. shtml。

④ 《彰显首都首善　展示大国自信》，《光明日报》，2019 年 9 月 20 日，http：//epaper. gmw. cn/gmrb/html/2019-09/20/nw. D110000gmrb_20190920_1-04. htm。

表 3-1 中关村国家自主创新示范区企业经营及科技活动情况（2008~2018 年）

项目 \ 年份	2008	2009	2010	2011	2012	2013	2014	2015	2016	2017	2018
总收入（亿元）	10222.4	13004.6	15940.2	19646.0	25025.0	30497.4	36057.6	40811.9	46047.6	53025.8	58830.9
技术收入	1693.4	2093.6	2478.3	2845.9	3403.1	4032.4	4837.7	6623.6	7580.4	9369.6	11174.3
产品销售收入	5229.2	5923.6	6889.6	7809.4	8741.2	10788.4	12474.2	13300.0	14752.5	15934.2	17058.7
新产品销售收入	3327.0	3203.7	3949.2	3405.1	3352.1	4070.4	4614.8	4397.5	4565.6	5097.3	4834.9
商品销售收入	2398.9	3689.4	5032.2	7161.9	10077.4	11339.6	12832.6	13339.5	14522.4	16406.1	17878.0
其他收入	900.9	1298.0	1540.1	1828.9	2803.4	4337.0	5913.1	7548.9	9192.3	11315.9	12719.9
实缴税费总额（亿元）	504.0	658.7	767.2	925.8	1445.8	1506.6	1857.6	2038.1	2314.1	2598.4	2842.0
利润总额（亿元）	726.3	1122.4	1298.9	1533.9	1788.6	2264.8	3031.5	3404.5	3732.5	4321.1	4413.3
专利情况（件）											
当年专利申请数	17219	17226	18515	24894	34192	44275	55009	68944	74923	86419	102717
期末有效发明专利数	9836	11611	13988	15232	23198	35000	44870	63171	82890	114469	141486
当年专利授权数	9050	10512	13151	12951	17969	22308	25065	32327	37629	46046	56374

资料来源：《北京统计年鉴 2019》。

演了国家外交代理人的角色。[①] 在开展主场外交活动方面北京具有明显的优势，近年来已举办了包括中非合作论坛（2000 年、2006 年、2012 年、2018 年）、上合组织峰会（2012 年）、APEC 领导人峰会（2014 年）、金砖国家媒体峰会（2015 年）、“一带一路”国际合作高峰论坛（2017 年、2019 年）、亚洲文明对话大会（2019 年）等在内的多项主场外交活动。重大活动的规格、规模不断提升，频次也日益增多，这些活动主题丰富，涉及政治、经济、文化等多个领域；参与主体多元化，既有发达国家和地区，也涵盖各类新兴经济体及广大发展中国家等，每次活动都是对北京服务保障国家总体外交能力的锤炼和提升。

北京主动承担国家对外工程援助工作，是最早参与国家对外医疗援助的省区市之一，截止到 2018 年，北京累计向 11 个国家和地区派出 50 多批近千名援外医疗专家。他们在受援国救死扶伤，无私奉献，用高尚的医德和高超的医术为国家赢得了赞誉。以斯里兰卡国际会议大厦、蒙古北京街道路改造为代表的一大批援外项目，为我国树立了良好的国际形象。北京积极参与“一带一路”建设，在沿线 31 个国家累计直接投资约 22.4 亿美元，涵盖基础设施、能源和农业等多个领域。[②]

北京市人民政府着手超前谋划建设国际交往中心。北京建设国际交往中心是中共中央总书记习近平对北京的核心功能所做的明确的城市战略定位之一。北京市于 2017 年提出国际交往中心是《北京城市总体规划（2016 年—2035 年）》中北京城市战略定位之一，是落实首都城市战略定位的必然要求，是履行好“四个服务”的职责所在。2019 年 9 月，北京推进国际交往中心功能建设领导小组成立，并筹划编制《北京推进国际交往中心功能建设行动计划（2019 年—2022 年）》《北京

① 刘波：《全球化时代城市外交的地方经验——以北京为例》，《西部学刊》2017 年第 4 期，第 21~26 页。

② 《锐意进取 40 年，国际交往中心建设迈入新时代》，北京市人民政府外事办公室网站，2019 年 3 月 7 日，http：//wb. beijing. gov. cn/zwxx/gzdt/wbdt/106025. htm。

推进国际交往中心功能建设专项规划》，立足于建设迈向中华民族伟大复兴的大国首都实际，适应重大国事活动常态化，前瞻性谋划涉外设施和能力建设，持续拓展对外开放的广度和深度，积极培育国际合作竞争新优势，努力打造国际交往活跃、国际化服务完善、国际影响力凸显的国际交往中心。

二　对外开放格局全方位拓展

政府组织、机构与企业总部数量持续增加。北京是我国对外政治、经济、文化交流的重要窗口，国际交往能力国内领先，已成为亚太地区的区域性国际事务交往中心。截至2018年底，北京市境外机构达3.7万家，其中外国驻华使馆172家，联合国机构和国际组织总部5家，国际组织分支机构26家。北京常住外籍人员14.2万人。[①] 丝路基金总部、世界知识产权组织中国办事处等落户北京。同时，北京是世界旅游城市联合会总部所在地，也是世界城市和地方政府联合组织（UCLG）成员。全球化与世界城市研究网络（Globalization and World Cities Study Group and Network，GaWC）通过检验城市间金融、专业、创新知识流情况，确定一座城市在世界城市网络中的位置，北京在2018年排名全球第四。[②]

北京与友城互帮互助、互鉴互促、互融互通。中国重返联合国后，世界范围内各个城市与北京的合作不断加深，与北京建立友好关系的城市越来越多。友好城市指一国的城市与另一国相对应的城市，以维护世界和平、增进友谊、促进共同发展为目的，在签署正式友城协议书后，双方积极开展政治、经济、科技等各个领域的交流合作，建立正式、综合、长期的友好关系。截至2019年，北京的全球“朋友圈”正在不断

① 《北京建国际人才社区　扩大在京留学生规模》，北京市发展与改革委员会网站，2019年9月13日，http：//fgw.beijing.gov.cn/zwxx/mtbd/bzwlxw/201912/t20191221_1397458.htm#top。

② 《刚刚！GaWC发布2018世界城市名册，北京首进四强，成都再次跃升》，《每日经济新闻》，2018年11月14日，http：//www.nbd.com.cn/articles/2018-11-14/1272260.html。

扩容，已与50个国家的55个城市建立市级友城关系，区级友城及友好交流城市多达173个，它们在推动中国参与全球治理方面，正发挥日益重要的作用。[①] 例如，北京市人民政府外事办公室打造“北京周”“北京日”“北京之夜”等品牌活动，依托这些项目讲述“北京故事”，为友好城市提供“北京智慧”。北京与友城互相借鉴、交流发展经验，加强与友城专业部门对接，与友城政府信息互换、公务员互派，深入调研友城的规划与管理、产业发展、重点项目等最新动态，既吸收世界主要城市的发展经验为我所用，也为各国友城的发展路径提供了“北京样本”“北京经验”。北京的友城交往不仅使北京与其他国际城市产生情感联系和相互信任，同时也为打造国际交往中心提供了现实基础。

各领域国际合作与交流务实活跃。经贸领域，1987年北京实际利用外资仅1亿美元，2017年达232.6亿美元，30年间增长了200多倍。2000~2018年北京实际利用外资情况见图3-5。目前，外资企业为北京贡献了近40%的工业总产值、1/4的发明专利数、1/3以上市财税收入和12.4%的城镇人口就业。[②]

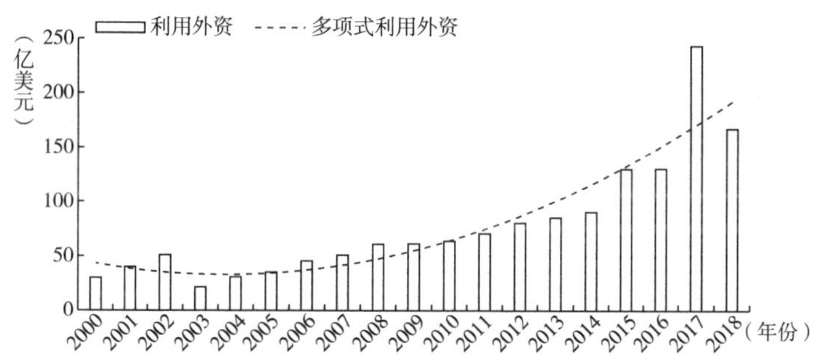

图3-5　2000~2018年北京实际利用外资情况

资料来源：作者根据相关政府官方网站提供的数据整理而成。

① 《40年，北京的友城“朋友圈”遍布全球》，《参考消息》，2019年11月8日。

② 《锐意进取40年，国际交往中心建设迈入新时代》，北京市人民政府外事办公室网站，2019年3月7日，http://wb.beijing.gov.cn/zwxx/gzdt/wbdt/106025.htm。

文化领域，在境外举办“北京之夜”、欢乐春节等活动，讲好“北京故事”，推动文化“走出去”。在京举办国际音乐节、国际戏剧·舞蹈演出季等，市民在家门口就能享受世界顶级文化盛宴。2019年，在北京市商务局的积极倡导下，北京联合巴黎、米兰、纽约等城市的时尚行业组建了北京首个国际时尚联盟，为推进各国之间服装时尚行业和文化创意产业的交流与发展，促进各个组织之间的相互交流、学习、互动发挥重要作用。

科技领域，北京有300多家跨国公司地区总部和研发中心，认定近400家国际科技合作基地，累计发布国际标准300多项。

教育领域，来京留学、中外合作办学、孔子学院、孔子课堂、教育对外交流品牌项目数量均呈稳步上升态势。例如，在京留学生从1982年的1200余人跃升至2017年的12万余人，增长了近100倍。国际合作与交流不断加强，北京认定国际科技合作基地6批393家；基地单位与53个国家的595家机构开展合作，签署跨国科技合作协议338个；出访国外及港澳台地区文化交流项目145批次；中外合作办学机构和项目累计达143个。[①] 各领域广泛开展的务实合作，为北京的创新发展、转型发展和高质量发展聚集了国际高端资源、提供了不竭动力。

2004~2018年孔子学院在全球开设的数量及分布国家数量见图3-6。

品牌活动的国际影响力不断扩大。北京国际电影节已成为亚洲第一电影交易市场，此外北京还成功举办了中国国际服务贸易交易会、中国北京国际科技产业博览会、北京国际设计周等多种品牌活动。北京积极申办和筹办财富全球论坛、国际田联世锦赛、中国（北京）国际园林博览会、2019年中国北京世界园艺博览会、2020年世界休闲大会等活动，提高和扩展了北京国际交往的层次和领域，对北京经济社会发展产生了强大的带动效应。

---

① 《首次亮相！北京国际交往中心成绩单出炉》，千龙网，2018年1月31日，http://www.sohu.com/a/220045426_161623。

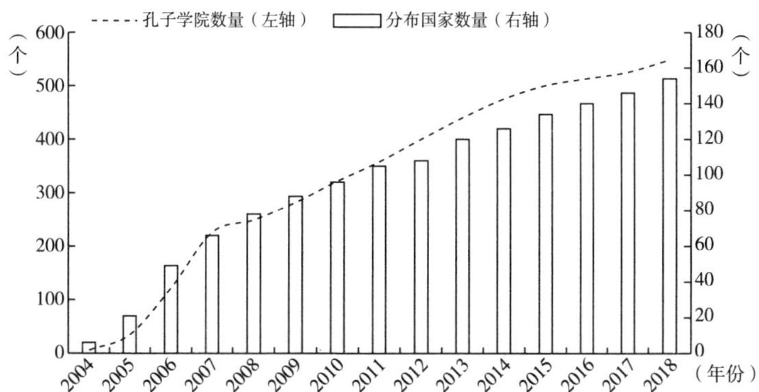

图 3-6　2004~2018 年孔子学院在全球开设的数量及分布国家数量

资料来源：作者根据相关政府官方网站提供的数据整理而成。

三　国际化服务体系持续完善

北京积极融入世界经济，广泛开展国际合作，城市的营商环境不断改善，开放程度和创新活力不断提升。很多跨国企业把北京作为进入中国市场的首选平台。北京也成为中国开放程度最高、营商环境最好、创新活力最强的城市。作为全国首个服务业扩大开放综合试点城市，北京的营商环境改革取得突破性进展，为企业带来实实在在的便利。在《财富》杂志发布的 2019 年世界 500 强企业中，有 185 家已来京投资，其中总部 56 家，居世界第一。2019 年 10 月，世界银行发布《2020 年全球营商环境报告》，我国排名从第 46 位上升至第 31 位，北京作为两个样本城市之一，为此做出了突出贡献。①

北京国际化公共服务体系日益健全。对外籍人才特别是外籍高层次人才的吸引力，是衡量一个城市国际化程度、营商环境水平乃至城市创

① 《报告》衡量了 190 个经济体的 12 个商业监管领域的法规，涵盖开办企业、工程许可、供电、不动产登记、获得信贷、保护中小投资者、纳税、跨境交易、合同履行和解决破产等问题。

新活力与竞争实力的重要指标。为了让更多国外高精尖产业人才来得了、待得住、用得好、流得动，近年来，北京市对接高精尖产业人才需求，吸引高端外籍人才来京创新创业；组织策划各类活动，为外籍人才提供多形式、个性化的精准服务，创造良好的外部环境，体现出“北京温度”。北京积极推出 APEC 商务旅行卡，建立了 19 所专门接收外籍人士子女的国际学校。[①] 近三年，北京累计为超过 1600 名国际人才办理了永久居留，接近之前 10 年的办理总量。同时，北京积极推进受理权限下放，在外籍人才较为集中的朝阳区、海淀区、顺义区设立区级办事窗口，使本市约 60%的外籍人才可选择属地就近办理相关业务，并进一步优化审批流程、压缩办结期限。[②]

北京积极营造适合国际人才创新发展、和谐宜居的“类海外”环境，实施“融智北京”高端医疗险项目，服务外籍人士在京就医。设立多语言服务中心，通过 110、120 等平台，提供 8 个语种、24 小时、365 天不间断的语言服务，外籍人士的生活便利化水平进一步提高。此外，还在首都之窗开设专栏，通过微视频讲解外籍人员来华工作许可办理流程，线下线上共同努力，着力打造优质营商环境。

四　国际化基础设施建设持续完善

城市基础设施是城市高效运行和健康发展的物质基础，是完善公共服务和保障民生的基本前提，是优化城市功能的重要保障，具有服务的全局性、建设的系统性和发展的引导性等特征，在城市发展中居于重要的先导地位。基础设施的服务水平、服务能力和服务方式将在很大程度影响到城市的运行模式、经济社会发展模式和人们的生活方式，北京建设国际交往中心的客观需求也对基础设施的发展提出了更

① 《锐意进取 40 年，国际交往中心建设迈入新时代》，北京市人民政府外事办公室网站，2019 年 3 月 7 日，http：//wb. beijing. gov. cn/zwxx/gzdt/wbdt/106025. htm。

② 《改革开放 40 年北京成就引人瞩目》，搜狐网，2018 年 11 月 15 日，http：//www. sohu. com/a/275 631417_16 1623。

高的要求。

北京国际交通日趋发达，城市生活设施逐步完善，相继完成中国国际展览中心（新馆）、北京大兴国际机场、国家会议中心、怀柔雁栖湖国际会都等一批重大国际交往设施建设，具备承办一流国际会议的能力。2018 年，北京接待国际会议数量为 94 个，同比增长 13.8%，位居亚太城市第七位、中国第一。[①] 北京还拥有完善的信息基础设施，现代化通信技术发展极为迅速，是我国最重要信息的产出、集散和周转地，是能够代表国家参与国际竞争和分工的最大信息产业基地。此外，北京高度重视安全保障工作，不断完善社会治理、安全生产、市场监管等管理体制机制，大力强化食品、药品安全监管，社会治安和社会秩序良好。

此外，北京市生态环境得到持续改善。在以习近平同志为核心的党中央的坚强领导下，市委、市政府认真贯彻落实党中央、国务院关于生态文明建设、生态环境保护、京津冀协同发展的决策部署，实施新一版城市总体规划，不断完善生态文明建设和生态环境保护的制度体系，加快推进资源节约和利用方式转变，深入实施大气、水、土壤污染防治行动计划，推动加强京津冀及周边地区生态环境保护协作，实现了污染物排放量大幅下降、生态环境质量持续改善、环境安全得到有效保障、绿色发展水平逐步提高，美丽北京建设迈出了坚实的步伐。仅 2018 年，北京就淘汰退出一般制造业和污染企业 656 家，动态清理整治 521 家“散乱污”企业，石化等重点行业实施高压料仓废气深度治理、柴油储罐治理等工程项目调整退出，减排挥发性有机物 2100 吨。过去十年，北京主要污染物排放量逐年减少，大气中污染物浓度大幅下降。[②] 2018 年，北京空气质量优良天数达 227 天，全年首次无持续 3 天及以上重污

① 《北京接待国际会议数量位居亚太城市第七位、中国第一》，中国新闻网，2019 年 8 月 28 日，https：//baijiahao. baidu. com/s? id = 1643116560240452014&wfr = spider&for = pc。

② 《十年数据看北京市经济结构如何优化?》，《新京报》，2019 年 7 月 23 日，http：//www. bjnews. com. cn/graphic/2019/07/23/606879. html。

染过程;[①] 全市141条段黑臭水体截污治污工程完工，水质已得到明显改善。[②] 城市交通拥堵加剧趋势得到缓解，绿色出行比例达到73%。[③] 同时，北京启动新一轮百万亩造林工程，重视山水林田湖草系统治理，让林地互连互通，有利于生物多样性保护，食源、景观等各类树种科学配置，构建更高质量的城市森林生态体系。未来5年，北京将在浅山区、平原地区、城区、核心区重点绿化，使全市森林覆盖率达到45%以上，人均公园绿地面积增加到16.6平方米，满足人民群众日益增长的优美生态环境需要。[④]

2009~2018年北京市生态环境改善（能源、水、空气和绿化）指标见表3-2。

表3-2　2009~2018年北京市生态环境改善（能源、水、空气和绿化）指标

年份	污水处理率（%）	能源总消费量（吨标准煤）	日均值 $PM_{2.5}$（微克/立方米）	城市绿化覆盖率（%）
2009	80.3	—	—	52.6
2010	81.0	0.45	—	53.0
2011	82.0	0.42	—	54.0
2012	83.0	0.40	—	55.5
2013	84.6	0.38	89.5	57.4
2014	86.1	0.36	85.9	58.4
2015	87.9	0.30	80.6	59.0

① 《2018年全年北京首次无持续3天及以上重污染过程》，人民网，2019年1月4日，http://bj.people.com.cn/n2/2019/0104/c82840-32491411.html。

② 《做好新时代首都工作　北京走出高质量发展之路》，中国之声，2019年1月4日，http://china.cnr.cn/yaowen/20190410/t20190410_524572710.shtml。

③ 《2019年全市交通工作会议2月14日召开》，中华人民共和国交通运输部网站，2019年2月14日，http://zizhan.mot.gov.cn/st/beijing/tupianfengcai/201903/t20190329_3182015.html。

④ 《北京生态环境持续向好》，手机人民网，2018年6月4日，http://m.people.cn/n4/2018/0604/c2211-11086759.html。

续表

年份	污水处理率（%）	能源总消费量（吨标准煤）	日均值 $PM_{2.5}$（微克/立方米）	城市绿化覆盖率（%）
2016	90.0	0.28	73.0	59.3
2017	92.4	0.26	58.0	61.0
2018	93.4	0.25	51.0	61.5

资料来源：作者根据相关政府官方网站提供的数据整理而成。

第三节　北京建设国际交往中心面临的挑战

一　国际交往中心建设部门联动机制尚不健全

城市国际交往系统的高效运转需要形成合力，坚持统一规划部署，推动城市国际化发展，优化不同区域功能布局。然而，目前北京市尚未在市级层面形成推动城市国际化发展的统一规划部署局面，区属各部门对城市国际化发展重要性的认识不统一，全市推动城市国际化发展相关方面缺乏工作的系统性和协调性。从具体工作层面来看，北京国际化发展涉及多个部门，各部门推动相关领域国际化发展的工作任务不明确，个别领域还存在多头管理或管理不到位的问题，部门之间协调配合的力度有待进一步加大。比如，在国际化营商环境建设方面，相关部门在审批、监管、工商登记、政策奖励等方面需要进一步加强审批标准、执法标准、认定标准等方面的对接协调。同时，对各辖区国际交往承载力与资源功能缺乏研究与布局。北京有 16 个辖区，国际交往发展好的仅有东城区、西城区、朝阳区、海淀区以及正在加强国际交往基础设施建设的怀柔区 5 个辖区，其中朝阳区国际交往综合程度最高，聚集了几乎所有驻华大使馆、90%的国际传媒机构、80%的国际组织和国际商会、70%的跨国公司地区总部、65%的国际金融机构，全市每年 50%以上的国际性会议、1/3 的国际展览在朝阳区举办。[①]

北京国际交往中心建设受国家总体外交约束，面临较为复杂的外部环境。我国《宪法》规定，国家外交事务的权力被赋予中央政府，地方政府在具体的对外交往实践中，其自主权、财政和资源控制权非常有限。[②] 外事工作体系缺乏协调机制，科学国际化管理亟待加强。目前，北京市还没有建立对外交流工作网络联席会议体系，缺乏对外交往的全市统筹协调机构。虽然外事工作领导小组统筹管理北京市外事工作，但总体来说，其机构设置、协调合作、机制运行、管理效率，尤其是国际合作等方面还有进一步提升的空间。因此，如何进一步实现北京市对外交往与中央外交的互利共赢，是北京国际交往中心建设面临的挑战。

二　科技创新尚未真正成为国际化提升的核心动力

虽然目前高技术企业已经成为首都经济的重要支撑，科技对北京市经济增长的贡献度不断上升，并正在引领产业向“高精尖”转型，但是首都经济的产业格局层次仍然较低，产业发展的整体水平不高，总体上处于产业链的低端，突出表现在以下几个方面。第一，北京的原始创新不足，产业发展缺乏核心技术的支撑，相当一部分高技术企业实际为组装加工企业，没有自己的技术，企业的技术大多依靠引进，拥有知识产权的技术少，原创的产品和技术更少，因而企业产品和服务的可替代性强，竞争力不强。第二，科技创新项目转化成生产力的比例低。科技创新转化率在 25%左右，而且，其中 55%的科技成果到珠三角城市群和长三角城市群转化，[③] 远远低于发达国家 80%的转化率，产品附加值

① 刘波：《全面推进北京国际交往中心建设》，宣讲家网，2018 年 7 月 18 日，http://www.71.cn/2018/0718/1009-794.shtml。

② 刘波：《全球化时代城市外交的地方经验——以北京为例》，《西部学刊》2017 年第 4 期，第 21~26 页。

③ 胡安俊、孙久文：《京津冀世界级城市群的发展现状与实施方略研究》，《城市》2018 年第 6 期，第 3~14 页。

比较低。第三，尚未形成有效的创新产业集群。中关村地区虽然初具高新技术产业集群的雏形，但是产、学、研协同创新水平仍需提升，尚未建立起高效的创新产业链，拥有自主知识产权的产品数量少，质量普遍不高。因此，北京建设科技创新中心是未来发展的目标之一。

在疏解非首都功能的过程中，北京推进产业结构优化升级面临重组资源要素、参与国际竞争的挑战。近年来，北京市的金融、信息等优势产业发展规模虽不断壮大，但与纽约等公认的世界城市相比，差距仍然较为明显。没有形成有利于推进改革创新的体制机制，没有建立诸如保护知识产权，保护品牌专利，鼓励创新创造，推动科技创新、管理创新和成果转化，尊重人才和吸引人才特别是一流人才等一系列的体制机制，缺少国际化人才创新创业平台，在吸引外籍专家和留学归国人员等国际高端创新人才方面与公认的世界城市相比还有较大差距。

三　人文国际化滞后于经济国际化

城市文化凝聚了城市的精神财富，是城市个性的体现，是城市成长的灵魂。同时，它也反映出一个城市的直观形象，是能激发活力的载体，相当于城市的面孔。建设富有特色的国际型城市，除了要注重完善硬件基础、达到具体技术指标外，更为重要的是要表现出内在的城市精神，改善城市制度和政策环境，形成软实力。从国内外城市国际化发展经验来看，城市之间很多人文国际交流活动离不开国际化交流平台和载体的支撑。巴黎的“时尚文化”、伦敦的“创意文化”、纽约的“大众文化”、东京的“动漫文化”，正是这些特色文化增强了城市影响力，使其在参与全球竞争中占据更有利的位置。尽管北京总体文化资源丰富，但是无论是总量还是人均，北京带有“国际性”或“国际范儿”的文化交往、文化消费和文化体验，与全球国际中心城市相比差距较大。

缺乏传统文化的现代表达。北京是六朝古都，有着悠久的历史和厚重的文化底蕴，有 7 项具有代表意义的重要历史建筑及人类遗迹（故宫、长城、周口店北京人遗址、天坛、颐和园、明清皇家陵寝、京杭大运河）被列入世界文化遗产名录，是全球拥有世界遗产项目数量最多的城市之一。但是有历史、有文化不一定有很强的文化影响力。[①] 近年来，反映老北京风貌的旧城传统建筑，正在以年均减少 1 平方公里的速度消亡。原有的 3000 多条胡同，至 2011 年仅剩下不足 500 条。北京天桥的剧场、老北京的茶馆、城墙根的胡同、老式的四合院等承载老北京文化的历史建筑也在现代化建设的过程中逐渐消失。[②] 大量的新奇建筑出现在北京，许多新建筑缺乏对中国文化元素的现代表达，从而使北京城市特征、城市风貌和城市气质模糊。《北京蓝皮书：北京文化发展报告（2018~2019）》指出，虽然北京文化产品和服务尤其是具有中国传统元素的产品在欧美发达国家市场上比较受欢迎，但是需要较高技术、体现深刻内容和创意的产品与服务在竞争中处于劣势地位。因此，未来在建设国际交往中心过程中，北京实现中国传统文化精华与世界优秀文化的融合，并在此基础上，实现创造性转化并世界化是北京增强文化影响力和软实力的重要一环。

各领域人文国际交流不够活跃，国际交流活动少、层次低。城市人文魅力没有得到充分释放，城市文化的国际辐射效应不够强。比如，在政府间国际交流方面，目前仍以“走出去”交流合作为主，接待国外政府代表团来访次数较少，而政府出国访问交流次数也呈减少趋势。多元开放性不足，北京市在集聚国际高端要素和推动人文国际交流等方面仍面临部分政策约束。比如，在国际高端人才引进方面，许多外籍专家希望政府出台永久居留证办理优惠政策，鼓励和支持外籍专家扎根北

① 曾宪植：《北京建设世界城市面临的机遇与挑战》，《新视野》2010 年第 3 期，第 25~27 页。

② 王琪延、王博：《将北京建设成为世界文化中心城市的建议》，《北京社会科学》2015 年第 4 期，第 9~14 页。

京，在北京长期工作生活；对于广大的留学归国人员而言，其落户北京的难度越来越大。北京第六次人口普查，外籍人口占总人口比重仅为0.53%，纽约、伦敦、巴黎、东京的外籍人口占其总人口比重为北京的6~60倍。[①] 同时，市民外语水平、公共文明意识与人文素养亟待提升。

缺乏运作城市对外交往的国际复合型人才和新闻媒介。国际交流与合作呈多元化发展趋势，其内容和方式也不再集中在某一个领域，而是文化、教育、环保、经贸、科技、体育、卫生等全方位的交流与合作。这就要求外事部门的工作人员不仅要精通外语，而且要具备相关领域的专业知识。而北京既精通外语又有专业背景的外事人才较少，从而使其在配合总体外交活动时力不从心。[②] 新闻媒介是文化传播的主要载体，虽然北京拥有中国中央电视台、新华社、人民日报社、中国国际广播电台等全国性新闻文化单位，但缺乏有影响力的国际人文交流平台，城市独特的文化国际影响力较小。

四　国际化资源吸引力不足

拥有大量的、活跃的国际组织、非政府组织和跨国公司，是国际化大都市的共同特征。国际组织对于促进城市发展、提高城市的全球影响力意义重大。它们能有效推动城市经济发展，为当地市民提供就业，促进城市第三产业的发展，从而为提升城市软实力奠定基础。东道国城市可以利用国际会议、国际活动和国际交往的增加，让各国政要和宾客感受到东道国城市的经济发展、社会进步和风俗文化，促进城市发展的声音与理念传播，通过沟通、交流与合作，提升城市的魅力与形象。

然而，北京市对国际化服务资源的吸引力有待增强，国际组织、跨国公司落户数量少，国际角色地位不够突出，有全球影响力的国际组织

① 王琪延、王博：《将北京建设成为世界文化中心城市的建议》，《北京社会科学》2015年第4期，第9~14页。

② 刘波：《全球化时代城市外交的地方经验——以北京为例》，《西部学刊》2017年第4期，第21~26页。

较少。一方面，常驻北京国际组织机构总量少；另一方面，国际组织在北京吸引和聚集国际活动方面发挥的作用尚不突出，与纽约、布鲁塞尔等国际城市相比，国际会议数量偏少，固定的国际会议不多，整体影响力不足。按照国际公认的标准，一个国际型城市要拥有50个以上国际组织总部、一年召开上百次的国际会议才能具有国际影响力。虽然世界500强企业总部设在北京的数量较多，但这些企业对世界经济的控制力非常有限，集中表现在海外机构数、海外营业收入和海外雇员数的比重等国际化程度指标与纽约、伦敦和东京相比有一定的差距。[①] 研究发现，北京虽在总部经济方面优势明显，但其与国内外其他城市的网络联通度并不高，低于上海甚至深圳。[②]

涉外管理服务与外事保障机制还须完善，在涉外信息平台、国际化社区建设、生活服务、涉外医疗、国际学校、语言服务、法律咨询、外籍人员社保等方面需要提高专业化水平。部分产业开放发展仍然受到相关政策的制约，比如在金融领域，外资银行、保险公司、证券公司等金融机构的市场准入受到《外资银行管理条例》和《外资保险公司管理条例》等行业管理条例的限制。在进出口检验检测方面，部分产品进口检验检测效率较低，尤其是许多国内企业外贸出口产品的返修、通关时间很长，造成返修周期很长，影响售后服务质量。近年来，随着经济社会各领域的快速发展，北京城市国际化整体水平有所提升，在北京居住、工作的外籍人员不断增多，他们对政府的国际化服务能力和服务水平提出了更高的要求。比如，部分在北京居住的外籍人员反映，在办理居留许可证、工作签证，更换国内驾驶证等涉外证件方面手续复杂，需要到不同地点办理，且办证周期较长，同时行政窗口无法提供英语服务，给外籍人员工作和生活带来诸多不便。

---

① 刘波：《北京国际交往中心建设的现状及对策》，《前线》2017年第9期，第69~71页。

② 陈睿、王娅、邢宗海：《从全球（全国）城市网络看北京建设世界城市的前景》，《北京规划建设》2010年第6期，第24~27页。

此外，参与国际城市与地方政府的制度规则灵活性不足；受到城市安全等诸多因素限制，北京举办世界级高规格国际会议会展和交流活动的数量少。例如，上海在市场机制、港口资源、国际联络、全球声誉、发展基础等方面均在一定程度上超过北京，在吸引跨国企业总部，建设金融中心、科技创新中心等方面与北京存在激烈的竞争。尤其是在北京奥运会影响力日益减弱的形势下，2010 年上海世界博览会的召开，使上海的国际影响力进一步增强，且世界博览会的会期比奥运会长，影响可能更为直接也更为长远。

五　区域一体化和城市治理现代化面临的挑战

中国特色大国外交核心承载地需要一个良好的环境和广阔的舞台，需要一些具有标志性和引领性的品牌。多年来北京经济快速发展，在全球经济格局中的地位不断提高。但城市建设相对滞后，城市形象、城市品质、城市品位与现代化综合国际交往中心发展的目标还有很大的差距。一方面是高品质、国际化的城市服务设施不足，国际化的综合服务水平相对较低，对国际高端人才的服务能力较低，对国际资源要素的吸引力不强；另一方面是城市治理水平亟待提升，空间布局亟须优化。

首先，北京在快速发展的同时，出现了严重的空气污染、交通拥堵、人口膨胀、教育医疗资源紧张和高房价等“大城市病”，一定程度上制约着北京各类国际交往功能的实现，严重影响了首都乃至国家形象。例如，占北京城市土地面积 5%的旧城集中了全市 50%以上交通量和商业活动，限制了新城区国际交往功能的有效发挥。加上铁路、高速公路均围绕北京建设，形成单中心、放射状、非均衡的交通结构，北京过境需求增加，成为京津冀地区最大的交通枢纽。

其次，资源与环境制约着北京的可持续发展。土地、水、能源等一系列资源的供应，北京日益增长的人口、汽车等对环境承载能力的要求，对北京未来能否长期维持目前的发展速度和消耗方式提出了巨大的挑战。它影响到北京城市的投资环境和可持续发展能力。北京建设国际交往中心，除了提升内涵之外必然要在规模上继续扩张。人口总量、经济总量必然会继续增加，城市空间也必然需要不断扩大。但是，土地、空间、资源是有限的，发展带来的对各种资源的需求与资源的有限性矛盾，将成为北京建设国际交往中心的硬约束。

最后，京津冀区域经济一体化进程缓慢。纽约、伦敦、东京等国际城市的发展实践证明，其对世界经济的影响和控制不仅需要自身的强大，更需要有一个支撑其发挥控制职能的高度发达的区域。北京与津冀区域，无论是在历史文化方面还是在自然地理方面，都具有不可分割的联系，但由于区域之间没有形成很好的互动机制，缺乏合理的分工与协作，北京对区域发展的带动和促进作用不明显，周边城市对北京支撑作用不足，没有形成首都大都市圈。京津冀区域目前存在的问题是，区域内部差异较大，发展极不平衡，物流、人流、资金流、信息流等没有形成很好的互动。据计算，纽约的经济密度为 10.27 亿美元/平方公里，芝加哥为 9.02 亿美元/平方公里，东京为 3.54 亿美元/平方公里，伦敦为 3.51 亿美元/平方公里，上海为 0.51 亿美元/平方公里，京津为 0.22 亿美元/平方公里，京津冀为 0.05 亿美元/平方公里。[①] 从经济密度看，京津冀城市群与世界级城市群仍有较大差距。因此，如何以北京为中心，围绕北京、天津两核形成一个功能完善、辐射能力强、开放程度高、具有世界影响力的城市区域，并以此推动密切互动的京津冀经济圈一体化发展，是北京建设国际交往中心面临的重要挑战。

---

① 石敏俊：《京津冀建设世界级城市群的现状、问题和方向》，《中共中央党校学报》2017 年第 4 期，第 50~56 页。

第四章

北京建设国际交往中心的实施路径

北京建设国际交往中心，首先要基于城市规划、经济学、管理学的理论，构建理论模型，厘清影响国际交往中心竞争力的关键要素和内在机理；然后以理论模型为指导，把握当前的机遇，结合已有发展基础，用适当超前的理念，构建系统化的支撑体系；最后在理论和支撑体系的基础上，结合政治、经济、人文、生态、科技、国际组织各个方面，做出科学规划。

第一节 实施路径之理论模型

一 国际交往中心的理论基础

1. 世界城市理论

“世界城市”这一概念最早由格迪斯（Patrick Geddes）于1915年在其著作《进化中的城市——城市规划与城市研究导论》（*City in Evolution——An Introduction to the Town Planning Movement and to the Study of Civics*）中提出，他从经济学角度出发，将在商业活动中占据绝对优势的大城市称为“世界城市”。1966年，城市规划学者彼得·霍尔（Peter Hall）再次阐释了这一概念。霍尔从经济、商业和政治等城市属性的角度出发，提出了世界城市的七条衡量标准和六大基本职能。他认为，世界城市是对全世界或大多数国家产生全球性经济、政治、文化影响的国际一流大都市，是处于世界城市中最重要的城市，是国家的政治权力中心、贸易中心、金融中心、专业人才聚集中心、信息汇集传播中心和大规模人口中心。[①]

弗里德曼（John Friedmann）是第一个对“世界城市”进行系统性研究的学者，他归纳了世界城市的特点，将这些城市与全球经济的接轨程度、对国际资本的利用程度作为主要评价内容，根据世界城市对全球经济的控制能力对其进行了明确的等级划分。他认为，世界城市是全球经济的指挥与控制中心，并从金融中心、跨国公司总部、国际化组织及国家中心、第三产业的高速增长、主要制造业中心、主要交通枢纽和人口规模七个方面论述了世界城市的基本特征。

2. 全球城市理论

1991年，萨森（Sassen）提出了“全球城市”概念。萨森更加关注世界城市发达的生产性服务功能，她在《全球城市：纽约、伦敦、东京》（*The Global City*：*New York*，*London*，*Tokyo*）一书中指出，全球城市不仅是全球性协调的节点，更是全球性生产控制中心。她通过考察位居世界城市体系顶端的三大城市——纽约、伦敦和东京，将“全球城市”定义为发达的金融与商业服务中心，并指出世界经济组织的总部聚集地、金融服务业的聚集地、高新技术产业的产研基地、产品及其创新市场这四个方面是全球城市的核心特征。

与“世界城市”理论不同的是，萨森着重从微观角度即企业区位选择的角度来研究她所称的全球城市，她认为，全球城市就是那些能为跨国公司全球经济运作和管理提供良好服务和通信设施的地点，是跨国公司总部的聚集地。她还认为，从全球层面上看，全球城市在世界经济发展中所起的关键作用在于其集中了优良的基础设施和服务，从而使它们具有全球控制能力。

---

① 吴雨韩：《北京国际交往中心建设指标体系研究》，硕士学位论文，上海外国语大学，2019。

表 4-1　世界城市与全球城市的内涵差异

比较项	世界城市	全球城市
主要理论来源	中心地理论、世界体系理论、新国际劳动分工理论等	多国公司理论、世界城市理论等
城市功能	世界资本积累的控制中心，全球权力控制中心和基地	国际金融中心，生产者服务业综合体
主要行为主体	履行全球管理和服务职能的多国公司	高端生产者服务企业，尤其是金融服务企业
关注要点	全球经济权力的空间布局，经济全球化过程中的权力和支配关系	信息时代城市的中心性，经济全球化过程中的生产控制
经济基础	鉴于生产的国际化和多国公司组织结构的复杂化，需要有限数量的控制节点来履行全球管理和服务的职能	多国公司实行跨国范围的、以城市为中心的空间策略，创造覆盖全球主要城市的办公网络
核心—腹地关系	城市核心区与其邻近的经济腹地联系紧密	全球城市的核心—腹地联系在弱化，而不同全球城市间核心区的联系在强化
网络结构	资本主义世界体系中社会再生产的“核心—半边缘—外围”三元化的空间不平等关系	在现存的城市空间核心—边缘模型之外产生新的核心—边缘地理空间
地理范围	由多个城市及其所在的经济腹地组成，包含传统城市中心及其外围腹地在内的大城市区	全球生产者服务企业的集中区，高密度商务活动区
典型城市（区域）	日本关西地区、荷兰兰斯塔德地区、德国鲁尔区和含 3 个州 26 县市的纽约大都市区等	纽约中心区和东京中心区

资料来源：作者整理。

3. 全球区域城市理论

2001 年，美国学者斯科特提出了“全球区域城市”的概念。在全球化普及的现代，世界各地区城市面临前所未有的机遇和挑战。中心城市向集群城市转型，能更好地集合资源、应对挑战。该理论认为，国际交往的网络结构是群岛结构，指标有国际商务活动数量、跨国公司数量、国际事务数量、国际组织数量、文化聚集度、知名国际节庆活动数量。

4. 区域竞争力理论

区域竞争力理论的起源是美国哈佛商学院迈克尔·波特教授的竞争战略理论和竞争优势理论，他的主要研究成果有《竞争战略》《竞争优势》和《国家竞争优势》，其中《国家竞争优势》是区域竞争理论的基础。1990 年，波特在《国家竞争优势》中提出了区域竞争力的模型，认为区域竞争力集中表现在一个区域的产业竞争力上，而一国的特定产业是否具有国际竞争力则取决于六个因素：生产要素，需求条件，相关支持性产业，企业战略、结构与竞争，机遇和政府。[①]

生产要素。生产要素分为初级生产要素和高级生产要素，前者包括自然资源、气候条件、地理位置、人口统计特征等，后者包括人才、知识、资本资源和基础设施等。波特认为，在形成竞争优势的过程中，高级要素的作用更为显著，而高级要素很难从外部获得，必须自己投资创造。在高级生产要素中，人才对竞争具有重要意义。国际交往中心是国家外交和国际交往活动的核心承载地，人才培养和智库建立对推进国际交往中心建设具有重要意义。只有通过高水平的国际交往，以大量的国际学术合作、科技交流、人才流动为依托，城市才能够迅速成长为世界重要的科技创新中心，进而成为国际交往中心。

需求条件。需求条件指国内对某个行业产品或服务的市场需求，这是产业发展的动力。打造国际交往中心，就要提高城市的工业化、城市化、贸易和经济增长水平。同时，国际交往中心不仅要满足城市和国家的需要，还要满足其他国家、国际组织和各类国际主体的交往需要。

相关支持性产业。上游产业具有国际竞争力，有助于提升下游产业的国际竞争力。上游产业可以及时为下游产业提供新概念、新创意，而下游产业也可以及时为上游产业提供试验场所。城市要成为国际交往中心必须具备吸引力和支撑力，而上下游产业的密切合作，不仅是增强产

① 〔美〕迈克尔·波特：《国家竞争优势》，李明轩、邱如美译，中信出版社，2012。

业的国际竞争力、提高城市吸引力的重要举措，也是保障各类国际交往活动顺利开展的强大支撑。

企业战略、结构与竞争。波特指出，创造与保持产业竞争优势的最大关联因素是国内市场有强大的竞争对手。城市必须要在商品、人员、资金、信息等方面进行跨国界的沟通交流，才能充分利用国内外资源，从而得到发展，形成国际竞争力。

机遇和政府。一些偶发性的事件和机会会对国家竞争力产生影响，政府也可以通过宏观调控来影响竞争优势。构建国际交往中心，要掌握大量的、及时的经济、政治和文化信息，时刻把握机遇；政府也要发挥自身调控作用，助力产业结构升级，提高城市聚集力，健全重大国事活动服务保障长效机制，加强国际交往重要设施和能力建设。

5. 全球治理理论

全球治理理论是学者们顺应世界多极化趋势而提出的旨在对全球政治事务进行共同管理的理论。1990 年，勃兰特在德国提出了该理论。1992 年，全球治理委员会成立，卡尔松和兰法尔任委员会主席。1995 年，全球治理委员会发布了一份名为“天涯若比邻”的研究报告，该报告全面系统地阐述了与全球治理相关的一系列观点。但是关于全球治理理论研究学者还未达成较为一致的意见。简单来说，全球治理是以解决各主要国家所面临的问题为主要目标，并在此过程中形成关于解决该问题的理论与方案。

自诞生之日起，全球治理理论就旨在突破国际政治的传统意识，逐渐摆脱政府的控制。该理论从全球性的治理机制出发，重点强调多元性主体的共同参与，探求公共利益的协调方式，并以多元主体对公共利益最大化诉求为存在和发展的最终动力。在终极动力的推动下，全球治理理论的内涵主要表现在以下几个方面。第一，作为一个宽泛的概念，全球治理既可以参与权力的统治，也能够协调多元主体之间的关系，体现为政府与非政府的合作、公方与私方的合作。第二，全球治理不以行政命令为利益协调的依据，而是力求多元主体平等共赢。第三，全球治理的权威不是外界赋予的，而是多元主体在互动过程中基于对市场、利益和认同的普遍接受，通过不断互动产生的。所以，全球治理主要表现为合作、协商、伙伴关系等多元互动。[①]

全球性问题的出现导致国际社会问题不断出现，这些国际社会问题对我们产生了巨大的影响。当下中国作为世界第二大经济体，在国际社会中发挥的作用越来越大。参与全球治理是城市作为国际交往中心最重要的功能，国际交往中心要想打造国际交往活跃、国际化服务完善、国际影响力凸显的重大国际活动聚集之都，在国际上发挥重大作用，就必须更多地参与到国际社会问题的治理之中。在国际政治舞台上，国际交往中心很多时候不是代表自身，而是作为主权国家对外交往的名片和窗口，承担着大量官方外交的责任。

6. 系统工程理论

系统工程是指从总体出发，合理规划、开发、运行、管理及保障一个大规模复杂系统所需思想、理论、方法与技术的总称。系统工程理论要求我们用统筹的思想，把孤立的部分和过程统一起来，考虑各个被分割的要素与它们之间相互作用的关系。国际交往中心建设是城市国际化发展新阶段的必然要求，它既不是源于单个国家的外交活动，也不是源于城市自身经济社会活动向外延伸，而是杂糅了城市、国家和国际主体的综合需要。这必然需要城市整体提升各方面水平，既要强调国际外交，亦要寻求政治、经济、文化、科技创新等方面的协同发展。政治上，国际交往中心强调巩固和发展国际秩序，推动共商共建共享的新全球治理。开展政府之间的外交活动可以是城市的国际政治职能之一。城市参与国家外交的广度拓展，参与多边外交活动的经验增加，对国际组织的吸引力增强等，又会在一定程度上提高国家总体实力。在外交活动

① 张铎、张东宁：《全球治理理论的困境及超越》，《社会科学战线》2017 年第 4 期，第 274～277 页。

中，城市本身只是一个载体，主体是国家，所以国家实力具有重要作用，国家实力越强，城市开展国际交往活动越频繁，国际化人才越集中，国家在国际事务中的影响力也就越大。

经济上，国际交往中心既要注重城市在经济和金融方面的实力，更要注重对发展和创新的引领。国际交往中心对国际经济和贸易起到一定的引领作用，能在一定程度上控制贸易活动的过程。同时，国际交往中心要具备发展潜力，能引领未来的城市必定是“智慧城市”或“创新城市”，建设这类城市离不开科研的投入和发展。城市创新发展投入越大，城市的聚集能力越强，城市在国际分工中越能获取更多资源。

文化上，国际交往中心是文明互知互鉴的平台。国际交往中心应该对具有多样性特征的世界文明持一种开放与包容的态度，尊重各国独特的历史和文化。以文明交流超越文明隔阂、文明互鉴超越文明冲突、文明共存超越文明优越，是构建人类命运共同体的重要方向，是中国外交的新内容，更是国际交往中心建设的准则之一。国际交往中心作为一个复合的城市体系，其发展受到政治、经济、文化、科技等因素的影响，这些因素相互制约、相互作用，共同引领城市发展，不断提高城市的聚集能力。

7. 引力模型

牛顿提出的著名的万有引力公式为 $F=G\frac{M_1M_2}{r^2}$，它所阐述的是物体之间的相互作用、相互影响。根据这个公式，任何两个物体之间作用（引力）的大小与它的质量成正比，与它们之间距离的平方成反比。引力模型以万有引力公式为基础，是万有引力理论在经济学领域的发展与延伸。引力模型的一个重要特点是它的基本形式保持不变，只要对参数和分量的定义做出适当的改变，就可将引力模型应用于不同的场景。通用引力模型的简化形式为 $F=G\frac{Y_iY_j}{D^{ij}}$，公式中 G 为常数（通常也称为引力系数），Y_i 和 Y_j 为内生变量，D^{ij} 为空间距离，表示两空间区域基于影响因素 Y、D 下的吸引力。与这种引力模型中的阐述相似，一个区域中的城市也会有这样一种相互作用、相互影响的关系。

区域之间的人口流动是区域之间相互作用力大小的直观表现。研究表明，两个城市之间人口往来的数量与两个城市的人口数量成正比，与两个城市之间的距离成反比。影响城市间人员往来数量的因素分为经济因素和时间因素。我们可以用城市 GDP 表示城市的发达程度。同时，经济因素也要考虑成本，即在城市中工作所花费的成本（C）。用城市的 GDP 与成本 C 的比值来表示城市质量。城市之间的距离包含了很多非空间因素，在两个城市之间人员往来中，距离表达的概念实际上是往来的时间因素，即到达目的地所需耗费的时间，因此我们直接用平均到达时间（T）来表示时间因素。通常，平均到达时间又会受到两个城市之间距离、交通方式便利程度、基础设施等因素的影响。这样，我们可以用 $G\times\frac{\frac{GDP}{C}}{T}$ 来表示该城市对周围地区人口的吸引程度。

所以，城市对周围地区人口的吸引程度与城市质量成正比，与两个城市之间的距离、到达目的地所需耗费的综合成本成反比。国际交往中心的打造必须注重以自身为出发点，提高城市质量，增强城市的资本竞争力、结构竞争力、制度竞争力、基础设施竞争力等。

8. 同心圆理论

同心圆理论是 1925 年由美国社会学家帕克（R. E. Park）与伯吉斯（E. W. Burges）等提出来的一个城市发展和土地使用空间组织方式的模型，描绘的是城市土地利用的功能分区。他们将该理论应用于美国芝加哥城市土地利用结构的规划上，并认为城市空间内的土地围绕着某一核心，有规律地从内向外逐步辐射，形成五个同心圆分层结构。同时，他们总结出城市人口流动对城市功能地域分异的五种作用力：向心、专业化、分离、离心、向心性离心。这五种作用力在各个功能带之间相互作用，不断地交叉变动，在不同的城市地域形成了由内向外发展的同心圆式结构体系。尽管帕克和伯吉斯的学说表面上描述的是城市结构的特点和城市居民的分布情况，实际上展示的却是不同收入群体在城市中的分布情况以及人在社会中的地位和价值。这种描述符合现代城市结构的一般性规律，即使在社会制度完全不同的国家，也同样存在着这些共同之处。

目前，同心圆理论被应用到对医学领域、城市的规划设计、森林蓄积量的精确测量、精密仪器的设计与制作、企业文化与经营模式、社会交往以及国际政治形态领域等的阐释中，为解决相关问题提供了有效的理论基础。同样，构建国际交往中心也可以在同心圆理论的基础上找到依据。根据同心圆理论，城市经济增长在围绕以中央商业区为圆心的圆形区域向外传播，根据增长区域与中央商业区的不同距离创建同心圆，圆内力量围绕圆心同向发力，不断促进区域经济增长。总的来说，同心圆理论应用到国际交往中心建设领域就是以研究城市中心为圆心，逐步展开人口、产业、基础设施等建设，形成一个圈层结构。

9. 适度超前理念

国际交往中心是基于北京城市发展的新定位和新要求所提出的新概念，与国际通行的世界城市概念不同，是城市国际化发展的新阶段。近年来，随着国际贸易在西方国家的展开，城市国际化成为一部分城市转型发展的重要方向，许多城市作为贸易主体逐渐成为全球或地区的贸易中心、金融中心和文化交流中心，并拥有了国际城市的地位和发展特征。城市建设必须抓住时机，超前谋划国际交往中心功能建设。

国际交往中心既是承担重大外交国事活动的主要舞台，也是向世界展示我国改革开放和现代化建设成就的首要窗口。前瞻性谋划涉外设施和能力建设，持续拓展对外开放的广度和深度，进一步提升国际交往能力，优化国际交往功能布局，已经成为各大城市服务国家总体外交战略的迫切需要。当然，适度超前也要与现实相结合，以适度超前的眼光，加速国际交往中心的建设。

二 构建国际交往中心理论模型“钻石同心圆”

国际交往中心作为一个具备全球功能的城市体，其“中心性”在全球的竞争力取决于六个要素，即核心竞争力、市场需求、产业支撑、协同-竞争、机遇促进、政府作用。这六个要素互相作用，是一个钻石形状的有机体系，对国际交往活动具有强烈的吸引力，以其为中心向同心圆的圈层辐射。国际交往中心的同心圆结构，围绕圆心同向发力，内圈是（国内）城市自身发展，致力于促进民族复兴，构建中华民族共同体；外圈是区域、全球进步，致力于促进世界和平与发展，构建人类命运共同体（见图 4-1）。

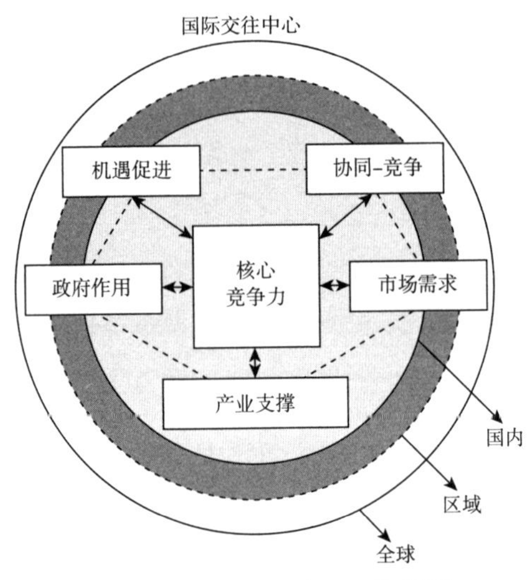

图 4-1 国际交往中心理论模型

资料来源：作者自制。

1. 核心竞争力是建设国际交往中心的强劲支柱

国际交往中心的核心竞争力是指其在全球范围内的国际交往活动中具有竞争优势的资源，以及资源的配置与整合方式。核心竞争力是国际交往中心的“中心性”功能的主要载体，也是“钻石六要素”的核心。凭借核心竞争力产生的动力，国际交往中心的地位才能得以确立和巩固。国际交往中心的核心竞争力集中体现在政府机构、企业总部、国际组织、文化体育、高新科技、高校智库、国际人才、传播媒体等的集聚。

国际交往中心能集聚政府机构，参与国际议题讨论。国际交往中心能集聚政府办公、大使馆、领事馆等机构，缔结一大批国际友好城市，为国家外交、国事活动、高层次合作等提供承载资源。国际交往中心能与世界主要国家、城市交往密切，能够参与国际议题设置和讨论，协助国家参与全球治理，对国际事件和全球事务有重大影响力。

国际交往中心能汇集大量企业尤其是跨国企业总部，影响世界经济发展。国际交往中心能汇集国际性企业、金融机构、律师事务所、跨国公司等总部，并设有影响世界经济的证券交易所等，为国际商务交流、合作提供便利。

国际交往中心能汇集具有全球影响力的国际组织，对全球事务有巨大影响力。国际组织如联合国、区域组织、世界贸易组织、乐施会、国际奥林匹克委员会、国际红十字会等，均在世界发挥重要的作用。较多的国际性或区域性组织入驻国际交往中心，有助于后者领导或参与国际事务、国际交流，举办世界级高规格国际会议会展和交流活动。

国际交往中心文化体育产业发达，拥有成功举办国际赛事的经验。文化体育是国家软实力的重要组成部分，深厚的文化底蕴，标志性的建筑物，影响力大的文学、音乐、喜剧、影视、动漫作品等，是吸引国际交往活动的重要资源禀赋。卓越的体育战绩，强大的体育社群，完善的体育设施，优秀的本地联赛队伍，举办国际体育盛事的能力和经验，也能促进诸多国际体育活动和赛事在国际交往中心举行。

国际交往中心高新科技产业全球领先，具备较强的创新能力。“科学技术是第一生产力”，各国对于最新科技跟进、跨国科技合作、人才引进、国际技术成果转化等越发重视。世界领先的战略性的高新科技产业，能够使城市争取到对国家和国际资源的支配权和优先使用权，获得区位优势和集聚优势，提升科技的外部性，从而进一步吸引国际人士前来学习、参观、交流等。

国际交往中心高校、科研院所和智库拥有丰富的资源，服务国家决策。高校是传承人类文化、维护社会价值准则、重视学术研究、培育社会精英的社会组织机构，科研院所、智库则是创新思想理论、服务科学决策、引导公众舆论的重要机构。高校、科研院所和智库丰富的资源能够使国际交往中心在外交舞台中发挥重要作用，及时阐释国家的立场和观点，增加政策的透明度、亲和力、感染力与说服力，影响世界各国的关注者，塑造和改善国家的国际形象，构建国际传播和对外话语权。

国际交往中心能储备大量的国际化专业人才，方便人才流动。国际化专业人才包括各领域的国际人才，流动于国际顶级机构、企业以及服务于国际交流的人才（如翻译、服务业、对外汉语培训的外语人才）等。储备一大批拥有较强的外语能力、专业的技术领域工作经验、开阔的国际视野、开放包容的交流心态的国际化专业人才，以及提高全民尊重国际交往惯例的意识，有助于城市方便快捷地开展国际交往活动，并为高端人才流动提供条件。

国际交往中心拥有一批有国际影响力的传播媒体，这些传播媒体具备强大的信息汇集和处理能力。各类国际交往活动与媒体传播是相伴相生的，国际交往活动是媒体关注的热点，而媒体具备强大的国际传播能力，能够影响、引导国际舆论，从而扩大国际活动的影响力。

2. 市场需求是建设国际交往中心的发展动力

国际交往中心的市场需求主要来自各类型的国际交往活动，是国际交往中心建设的发展动力。国际交往中心培育“核心竞争力”，就是为了满足国际交往的这一“市场需求”，双方既是需求-供给关系，又相互促进发展。国际交往活动主要包括外交外事活动，国际组织运作，全球经济运行和交流，文化、体育、节庆活动，教育、学术、科技交流，以及人才流动和管理。

外交外事活动。外交外事活动既包括政府的外交访问、友好往来等外事活动，也包括非政府组织、民众等对国际事务的参与和交流。

国际组织运作。国际组织是两个以上国家或其政府、民间团体基于特定目的，以一定协议形式建立的各种机构，其运作需要场地、人员、公共服务等的支撑。

全球经济运行和交流。随着社会生产力的发展，全球化的推进，世界各经济主体跨越边境进行生产、分配、交换、消费等在相互联系中形成全球范围内的有机整体，产生了巨大的组织、管理、分配和交流需求。国际商业往来活动包括国际商务会议、交际、谈判、签约、培训、聚会、报告、展览等。

文化、体育、节庆活动。是指组织、举办诸如时装周、啤酒节、音乐节、艺术节、电影节、国际园艺会展、国际体育赛事等重大的国际活动。

教育、学术、科技交流。包括留学生交流、学术合作、国际学术/科技会议、国际合作研究、国际标准开发、技术转移、技术援助等活动。

人才流动和管理。各国际机构、企业、行业对国际化人才有较大的需求，这些人才的流动以及对其的管理需要通过开展国际交往活动来实现。

3. 产业支撑是建设国际交往中心的重要保障

国际交往中心的产业支撑，主要指与“核心竞争力”密切相关的产业，这些产业对国际交往活动有重要保障、支持、服务作用，服务于市场需求。发展会展服务业、金融服务业、语言服务业、交通物流业、房地产业、旅游业等，对于提高国际交往中心的“核心竞争力”具有重要的支撑作用，是建设国际交往中心的重要组成部分。

以会展服务业为核心的会展服务中心建设。大型国际展览设施、先进的会务组织及管理方式、高水平的对外服务人员能够为各类国际会议、展览、节庆活动提供服务保障。会展服务业汇聚巨大的信息流、技术流、商品流和人才流，直接创造商业购物、餐饮、住宿、娱乐、交通、通信、广告、旅游、印刷、房地产等相关收入。

以金融服务业为核心的金融服务中心建设。国际交往中心汇集大量企业总部，开展全球经济运行和交流活动及其他全球交往活动，必然对各类国际金融服务如对外资金结算、票据贴现、证券发行、信托投资、保险、再保险、外汇、资产管理、期货期权等有大量需求。

汇集语言服务业等的文化传播中心建设。国际交往活动对语言服务能力要求较高，如多语言翻译、各机构的本地化服务、语言技术工具开发、语言教学与培训、多语言信息咨询等，这些均需要国际交往中心提高专业化水平。

以交通物流业为核心的物流枢纽中心建设。国际交往活动汇集了大量的人流和物流，对交通运输业运载能力的要求也较高，尤其是面临瞬间巨大流量的挑战，国际交往中心需要拥有能够服务多语言的先进的交通系统，如国际机场、高速铁路、高速公路，以及城市内的大型公共交通网络，提供多元化的运输模式。

以房地产业为支撑的商务办公中心、国际社区等的建设。国际交往活动汇集大量使领馆、国际性机构、跨国企业等，它们对房地产业尤其是办公、会展、居住地产的需求量较大。

以旅游业为核心的世界旅游城市建设。随着国际交往活动的增多，国际友人旅游需求增加，丰富的历史文化资源、优质的旅游吸引物、适宜的涉外酒店等接待设施、国际化的节点服务，均是建设国际交往中心需要关注的重要方向。

4. 协同–竞争是构建国际交往中心城市体系的重要路径

国际交往中心作为城市体系的中心，必然在区域、全球范围内，与其他城市有协同和竞争的关系，这也是国际交往中心建设中不可忽视的要素。

国家内部各中心城市需要错位发展，进行都市圈顶层规划设计，搭建创新合作平台，建立对接制度，避免出现同质化竞争、资源错配等现象。

区域、全球范围的中心城市需要良性竞争，强化自身建设，发扬长处，弱化壁垒，建立公平公正的机制，避免出现恶意压制情况，避免排他性制度等。城市间合理的协同和竞争，有利于城市系统的发展和推进城市可持续发展；过度竞争或竞争乏力则会导致无序状态产生，阻碍城市的发展。

5. 机遇是建设国际交往中心的重要推手

国际交往活动有很强的路径依赖，各国际机构、企业总部地址一旦选定，搬迁的可能性较小；新建大型展会成本高、门槛高；政治、科技、教育等各行业人员工作和居住相对稳定。因此建设国际交往中心，需要敏锐地发现并抓住机遇，这些机遇可能是偶发性事件带来的机会，或者是萌芽的发展风向带来的先发机会，我们要迎合发展趋势而为，促进国际交往中心扩大影响力。尤其是在建设初期，亟须把握机遇、整合资源，奠定发展基础，形成路径依赖。以北京市为例，其建设国际中心已有了坚实的基础，“一带一路”倡议、2022 年冬奥会、全球治理浪潮等均是促进国际交往中心建设的重要推手。

6. 政府是建设国际交往中心的组织者、激励者、协调者

建设国际交往中心是复杂又庞大的系统工程，需要全社会的共同努力，而政府在其中承担了重要的组织者、激励者、协调者的角色。政府在建设国际交往中心中所起到的作用，主要体现在做好政策、法律、战略、规划等顶层设计，系统推进现代化治理工作，构建基

础设施和服务平台，建设和保护生态环境、培养和管理人力资源等方面。

做好政策、法律、战略、规划等顶层设计。政府要明确国际交往中心发展战略，主导积极参与世界相关城市和地方政府联盟等各项活动，融入国际组织框架，重点提升议题设置能力。有针对性地改善国际组织在国内的运作环境，提升从政府到民间组织在国际组织中的话语权和影响力，参与甚至主导国际规则的制定，主动进行新的国际组织的创建，争办国际组织总部并争取落户。政府要组织发展战略和规划的制定，以国家的宏观发展目标为指导思想，优化配置区域内的资源，制定城市发展的重点任务，建立完善的运行机制，增强执行个体的活力，保证目标的实现。政府的顶层设计要科学、准确，要细化城市各个区域的功能，掌握整个城市未来的发展方向，提升城市的竞争力。政府还要制定相关政策和法律，如科学的产业发展政策、方便的出入境手续政策等，保障国际交往中心建设的落实。

系统推进现代化治理工作。城市是一个复杂的系统，城市治理是一个艰巨的系统工程。政府要树立系统思维，从城市、结构、功能等方面入手，对事关城市建设、运行和发展的重大问题进行深入研究和周密部署，系统推进各方面的城市治理工作。城市治理要强化依法治理、科学治理、多元治理、系统治理、绿色治理和可持续治理。

构建基础设施和服务平台。城市的基础设施建设是城市建设的物质支持，能够为产业发展提供保障，创造良好的外部环境。国际交往中心的建设尤其要注重城市标志系统和先进通信服务的建设，重要景点、会议中心、酒店、餐馆、商场、医院等至少应是双语门牌，光纤、无线网络、高速电信线路等均有助于跨国合作。在线政务、交通、语言等大数据基础服务平台也是为国际交往提供便利的重要保障。

建设和保护生态环境。生态环境是城市的物质基础，是城市可持续发展的保障。政府要确保城市人文环境不断优化，市民的文明素养和国际礼仪水平逐步提高，涉外服务管理水平不断提升，这样才能彰显城市独特的魅力。

培养和管理人力资源。高效的战略性人力资源管理体系的构建，有助于人力资本的扩充，有助于国家在国际竞争中获取持续的竞争优势。政府要从宏观着眼，通过多种政策、措施的有效整合，组织和协调人力资源的培养和管理工作，建立健全国际人才教育培养、挖掘、推送体制，完善国际人才市场和人才交流机制建设，推动人力资源管理水平的提高。

7. 同心圆发展是国际交往中心的聚力效应

国际交往中心不是一个孤立的存在，而是全球城市体系中的一个聚集地和发散地。基于对国际交往活动的强烈吸引力，围绕国际交往中心，全球城市体系向同心圆的圈层辐射。围绕圆心同向发力，内圈是城市自身发展，致力于促进民族复兴，构建中华民族共同体；外圈是区域、全球进步，致力于促进世界和平与发展，构建人类命运共同体。

同心圆包括三大要素：圆心、半径和作用力。其中，圆心可以理解为目标要素的核心，是信息的汇集地和发散地。半径代表各圈层与圆心的关系，半径越小，圈层内要素与圆心的关系越密切，反之，则越疏远。作用力是改变各圈层要素与圆心间关系的影响因素。

国际交往中心作为同心圆的“圆心”，其核心竞争力越强，产业、政府支撑越完备，自身建设水平越高，整体吸引力就越强。

同心圆的“作用力”，即国际交往中心对其他城市的吸引力，与各城市与中心的地理距离、国际交往活动需求、交流壁垒、竞争关系等相关。地理距离作为传统的影响交流成本的因素，随着交通、信息技术的进步，其作用力逐渐减弱。国际交往活动需求与各城市功能定位相关，也受到不同类型活动的影响，随着全球化的推进，此需求在不断提升。交流壁垒主要是政治、文化、科技等领域受开放制度影响人为制造的障碍，也是影响国际交往的重要因素。竞争关系则是与其他同功能的城市在吸引国际交往活动上的市场分异，不同中心吸引力共同作用，达到力场平衡。国际交往中心“钻石同心圆”理论模型见图 4-2。

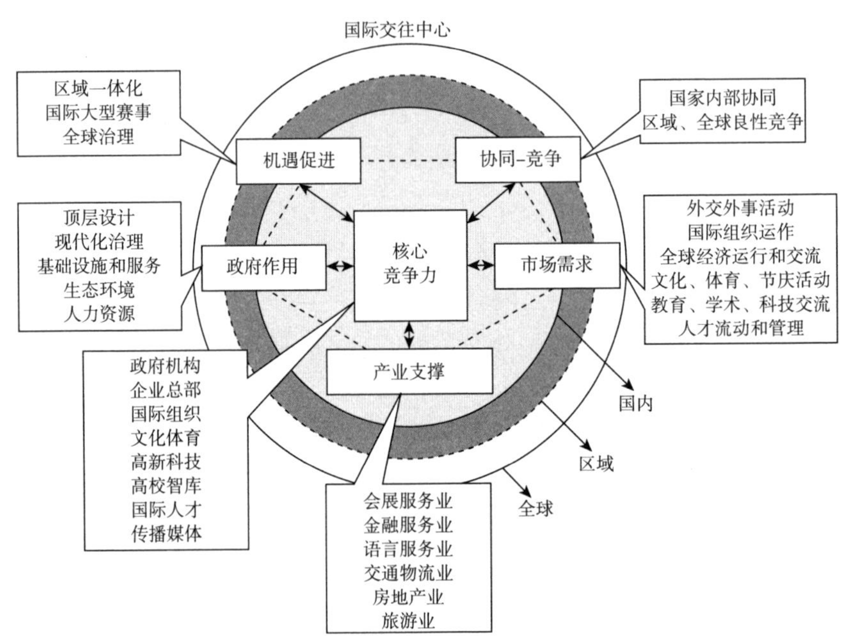

图 4-2　国际交往中心“钻石同心圆”理论模型

资料来源：作者自制。

“圆心”对城市的吸引力形成“半径”，不同半径构成不同圈层。半径越小的圈层，圈层内部交往越密切，和内圈层交往越多，在全球城市体系中影响力越强。半径越大的圈层，圈层内部交往越疏离，和内圈层交往越少，在全球城市体系中影响力越弱。

由于空间距离、地缘政治经济的影响，当前同心圆的形态与地理空间分布有一定的重合，但随着交通、信息技术的进步，同心圆的形态将突破传统地理空间的限制，城市功能、交流壁垒、竞争关系的作用将更加强劲。

建设国际交往中心要厘清每个环路下，国际交往合作的现状、存在的问题，进而提出有针对性的政策和战略规划，不断强化向心力、扩大同心圆半径，发挥国际交往中心在推动人类命运共同体建设中的重要作用。

综上所述，国际交往中心理论模型的关键要素构成紧密联系的城市体系。以“钻石同心圆”理论为基础，结合具体城市实际，我们来构建其实施路径的支撑体系。

中文国际化传播的同心圆结构

语言是传承人类文明、促进文化交流的主要载体，是国家的重要倡议性资源。国家语言能力是指一个国家掌握利用语言资源、提供语言服务、处理语言问题、发展语言及相关事业等方面能力的总和，是国家综合实力的重要组成部分。新形势下，创新话语体系，在国际舆论场上努力形成中国表达、中国修辞、中国语意，是一项迫切任务。语言的选择、发展、教育与应用等需要语言政策的顶层设计和宏观指导，需要从国家战略的高度来统筹，才能保证语言互联互通建设的综合性、前瞻性、有效性和长远性。类似的，将同心圆理论引入中文国际化语言战略规划与政策实践，可构建围绕以中文为中心的同心圆带向外扩展的语言传播模式，最终实现以语言相通促进互联互通的战略目标。

根据中文语言的影响力和传播潜力（华人数量、留学生数量、孔子学院数量、官方经贸交往、民间往来等指标），语言同心圆的一环为中国内地/大陆（官方语言），二环为港澳台地区（通用语言），三环为新加坡、泰国、马来西亚等国家（跨境语言），四环为中亚、中东欧国家（少数语言），五环为其他国家（外国语言）。其中，中华文化作用在各功能带之间动态的交叉变动的重要力量，在不同的地域形成离心力和向心力，影响着各圈层同心圆的半径（见图 4-3）。

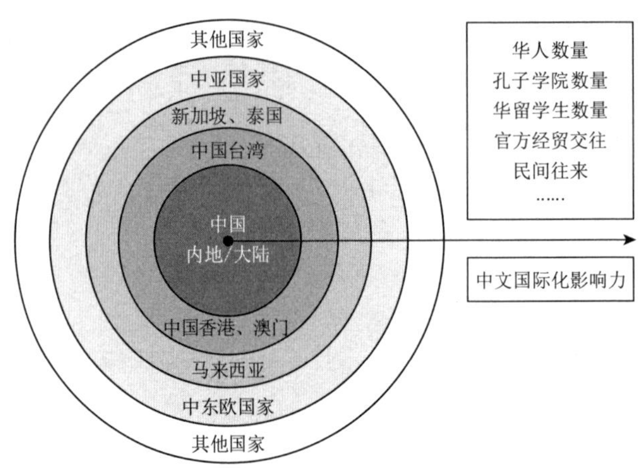

图 4-3　中文国际化传播的同心圆结构

资料来源：作者自制。

三　基于“钻石同心圆” 理论模型的国际交往中心评价指标体系

在“钻石同心圆”理论模型的基础上，我们采取定性和定量相结合的方式来构建国际交往中心的评价指标体系。我们将定性分析量化，并根据具体指标采纳相应的国际权威分析机构的打分/评级结果来提升数据来源的准确性和权威性（见表 4-2）。

表 4-2　基于“钻石同心圆”理论模型的国际交往中心评价指标体系

要素	分类	指标	单位	数据来源
核心竞争力	经济实力	人均地区生产总值	万元	中国城市统计年鉴
		GDP 增长率	%	中国城市统计年鉴
		人均固定资产投资额	万元	中国城市统计年鉴
		社会消费品销售总额	亿元	中国城市统计年鉴
		工业生产总值	亿元	中国城市统计年鉴
		第三产业比重	%	中国城市统计年鉴

续表

要素	分类	指标	单位	数据来源
核心竞争力	经济实力	规模以上工业增加值	亿元	中国城市统计年鉴
		人均可支配收入	元	中国城市统计年鉴
		职工平均薪资水平	元	中国城市统计年鉴
	贸易发展	贸易进口总额	万美元	中国城市统计年鉴
		贸易出口总额	万美元	中国城市统计年鉴
		进出口贸易总额占 GDP 比重	%	中国城市统计年鉴
		贸易往来国家数量	个	公开报道
		贸易协定签署数量	个	公开报道
		区域内自由贸易区数量	个	公开报道
	开放程度	实际利用外资额	亿元	中国城市统计年鉴
		出入境人口数量	万人次	地方统计年鉴
		旅游收入	亿元	地方统计年鉴
		进出口差额	万美元	地方统计年鉴
		大使馆数量	个	公开报道
		外国领事馆数量	个	公开报道
		跨国公司集团总部数量	个	公开报道
		国际组织机构数量	个	公开报道
	高等教育	普通高等学校数量	所	中国城市统计年鉴
		普通高校专任教师数量	万人	中国城市统计年鉴
		普通高校在校生数量	万人	中国城市统计年鉴
		高等教育事业费	万元	地方统计年鉴
		高等教育教师研究经费	万元	地方统计年鉴
		每万人拥有高校大学生人数	人	中国城市统计年鉴
		新增劳动力平均受教育年限	年	地方统计公报
	科技创新	国家级重点实验室数量	个	公开报道
		省部级重点实验室数量	个	公开报道
		每年科研经费支出	万元	地方统计年鉴
		R&D 经费内部支出	万元	地方统计年鉴

续表

要素	分类	指标	单位	数据来源
核心竞争力	科技创新	每万人拥有专业技术人员	人	地方统计年鉴
		每万人口发明专利拥有量	个	中国城市统计年鉴
	文化交流	国家重点文物保护单位数量	个	地方统计年鉴
		国家级非物质文化遗产数量	个	地方统计年鉴
		国家级森林公园数量	个	地方统计年鉴
		5A 级风景名胜区数量	个	地方统计年鉴
		博物馆藏品	件	中国城市统计年鉴
		文化产业单位数量	个	地方统计公报
		文化产业增加值	亿元	地方统计公报
	传播媒体	国际信息传播中心数量	个	公开报道
		世界级媒体数量	个	公开报道
		世界通讯社数量	个	公开报道
产业支撑	金融服务业	金融业总产值	亿元	地方统计局
		金融业占 GDP 比重	%	地方统计局
		金融机构总数	个	中国银行保险监督管理委员会
		年新增金融机构数	个	中国银行保险监督管理委员会
		上市公司数量	个	中国证券监督管理委员会
		证券交易总量	万元	中国证券监督管理委员会
		外商直接投资合同金额	亿美元	地方商务局
		境外股票筹资金额	亿美元	中国证券监督管理委员会
		外资金融机构占所有金融机构比重	%	中国证券监督管理委员会
		金融机构外币存款与本币之比	—	中国证券监督管理委员会
		外资银行数量	个	中国银行保险监督管理委员会
		国际资本流入量	百万美元	中国人民银行
		国际资本留出量	百万美元	中国人民银行
		金融从业人员数量	人	公开资料
		金融业员工年均接收培训天数	天	公开资料

续表

要素	分类	指标	单位	数据来源
产业支撑	会展服务业	会展场馆总面积	平方米	中国城市统计年鉴
		最大场馆面积	平方米	公开资料
		展馆场馆数量	个	中国城市统计年鉴
		会展服务商数量	个	行业协会
		会展从业人员数	人	行业协会
		年办展数量	场	行业协会
	语言服务业	语言服务商总量	个	公开报道
		从业人员总量	人	中国语言服务报告
		涉及语种总量	种	中国语言服务行业发展报告
		各语言服务领域数量	个	中国语言服务行业发展报告
		语言服务业员工年均接收培训天数	天	行业协会
	交通物流业	有直飞航班的城市数量	个	中国民用航空局
		航线总数	个	中国民用航空局
		外贸货物年吞吐量	万吨	交通运输部
		平均通关时间	小时	地方海关总署
		挂靠航运公司数量	个	交通运输部
		货运铁路总里程	公里	地方铁路局
		货运铁路场站数量	个	中国城市统计年鉴
		大型物流园区数量	个	中国城市统计年鉴
		物流企业数量	个	中国城市统计年鉴
		高速公路密集度	%	交通运输部
		货车万车事故率	%	交通运输部
	房地产业	房地产行业服务商数量	个	地方统计年鉴
		房地产从业人员数量	人	地方统计年鉴
		平均房价波动水平	%	公开报道
	旅游业	城市旅游景区总面积	平方公里	中国城市统计年鉴
		年均国际旅游人数	人	文旅局
		国际旅客人均逗留天数	天	文旅局

续表

要素	分类	指标	单位	数据来源
产业支撑	旅游业	旅行社数量	个	文旅局
		旅游业从业人员数量	人	文旅局
		平均通关时长	小时	海关
		国际旅游宣传书籍数量	本	文旅局
市场需求	外事外交活动	政府间的外交访问次数	次	公开报道
		友好城市数量	个	公开资料
		友好城市访问数量	次	公开报道
		居民参与 NGO 活动次数	次	海关
		国际赛事、节庆活动地方观众数量	人	赛事主办方
	国际组织运作	建交国大使馆数量	个	外交部
		建交国领事馆数量	个	外交部
		关系国办事处数量	个	外交部
		国际组织机构数量	个	外交部
	全球经济运行和交流	跨国公司集团总部数量	个	商务部
		跨国公司办事处、代表处、经营机构数量	个	商务部
	文化、体育、节庆活动	国际赛事、节庆活动数量	场	公开报道
	教育、学术、科技交流	留学生数量占同期学生比重	%	市教委
		中外作者公共发表文章数	篇	文献检索数据库
	人才流动和管理	以商务、留学为目的的人数	人	出入境管理局
协同-竞争	世界	世界国际交往中心城市数量	个	学术文献
	国内	国内拥有国际交往中心城市数量	个	政府规划文件
机遇促进	国际交流活动	外交访问活动数量	次	地方统计公报
		年会展数量	场	地方统计公报

续表

要素	分类	指标	单位	数据来源
机遇促进	国际交流活动	年国际会议数量	次	地方统计公报
		年承办重大体育赛事数量	场	地方统计公报
		常驻境外人口数量占城市人口比重	%	地方统计公报
		留学生数量占同期学生比重	%	公开报道
政府作用	基础设施和服务	人均道路面积	平方米/人	中国城市统计年鉴
		地铁客运量	万人次	地方统计年鉴
		每万人拥有公共汽车	辆	地方统计年鉴
		人均生活用电量	千瓦时	中国城市统计年鉴
		每万人拥有医院床位数	张	中国城市统计年鉴
		公共图书馆每百人藏书	册	中国城市统计年鉴
	环境水平	人均绿地面积	平方米/人	地方统计年鉴
		建成区绿化覆盖率	%	中国城市统计年鉴
		工业废水排放达标率	%	地方统计公报
		SO_2 月均浓度	吨/平方公里	地方统计公报
	财政	地方财政收入	亿元	中国城市统计年鉴
		地方财政支出	亿元	中国城市统计年鉴
	民生	人均住房使用面积	平方米/人	地方统计公报
		基本社会保险覆盖率	%	地方统计公报

第二节　实施路径之支撑体系

一　城市服务水平

提升城市的精细化服务管理水平，是新时期首都北京强化城市功能、做好“四个服务”的内在要求，也是提升城市吸引力、承载力、竞争力进而打造北京国际交往中心的必然选择。

2018年末，北京市常住人口2154.2万人，实现地区生产总值30320亿元，同比增长6.6%，GDP总量超3万亿元，[①] 全市经济运行平稳、稳中提质。与此同时，首都的城市建设与管理面临着新的机遇和挑战。人口规模的扩大、结构的多元化以及需求层次的多样性使得特大城市北京必须不断提升城市服务管理水平；经济增长更加集约、更加注重效率，也要求城市提升管理服务质量，提供更好的承载环境。

1. 整合多种语言资源，提供语言服务

在城市服务中，语言服务尤为重要。在全球化时代，语言正在以无形的力量影响着一国的综合实力与国际竞争力，其在国际交往中的价值日益凸显。营造优良的国际语言环境，提高市民对外交流水平和国际化意识，是提升城市现代化文明程度、国际化和综合宜居水平，打造“国际活动聚集之都、世界高端企业总部聚集之都、世界高端人才聚集之都、中国特色社会主义先进文化之都、和谐宜居之都”、建设国际交往中心的重要内容和有效途径。[②] 中国积极促进“一带一路”国际合作，努力实现政策沟通、设施联通、贸易畅通、资金融通、民心相通，打造国际合作新平台，增添共同发展新动力，实现“五通”首先需要实现语言相通。语言作为“一带一路”经贸投资合作、文明交流互鉴的重要桥梁和纽带，对于推进我国国际传播能力建设，提高国家文化软实力，提升国际话语权，向世界展示真实、立体、全面、多元、向好的中国等发挥着重要作用。[③]

由于“一带一路”沿线65个国家中有53种官方语言，是全球语言多样性和文化差异性最为突出的地区，全国各主要外语类高校正在计划

① 《北京地区GDP总量超3万亿元　增长6.6%》，人民网，2019年1月24日，http://bj.people.com.cn/n2/2019/0124/c82840-32568717.html。

② 《首都国际语言环境建设工作规划》，北京市人民政府网站，2011年5月19日，http://www.beijing.gov.cn/zfxxgk/110042/ghjh32/2011-05/19/content_263678.shtml。

③ 梁昊光、张耀军：《“一带一路”语言战略规划与政策实践》，《人民论坛·学术前沿》2018年第5期，第98~105页。

或已经普遍增设“一带一路”沿线国家语种。为更好地为“一带一路”建设提供智力支持，到 2020 年，北京外国语大学计划开设 100 多种外国语课程，将覆盖所有与中国建交国家的官方语言。[①] 北京第二外国语学院长期以来具有小语种优势，为响应国家“一带一路”倡议，从 2015 年 6 月起复建和新开设波兰语、捷克语、拉脱维亚语、匈牙利语、爱沙尼亚语、立陶宛语、塞尔维亚语、罗马尼亚语、阿尔巴尼亚语、保加利亚语、斯洛伐克语、斯洛文尼亚语 12 个中东欧国家的非通用语种，招收本科生和贯通培养试验项目学生。学院将进一步发挥整合优势，促进多学科专业的交叉融合发展，加强国别区域研究，服务于北京国际交往中心建设，培养“多语种复语、跨专业复合”的具有国际视野、家国情怀的高层次、应用型人才。

在“一带一路”语言建设中，大数据可以推动语言云服务平台、数据库建设，开发翻译服务客户端等语言智能产品，建设“互联网+语言服务”、移动语言服务等新模式，为跨语言交流提供机器翻译、自动问答等语言服务，实现语言实时监测等，通过提高语言信息处理智能化、网络化程度，为“一带一路”克服语言障碍、开展语言服务、拓展语言经济打下坚实基础。[②]

2018 年 10 月，北京举办了以“语言服务与人类生活”为主题的国际语言文化论坛、第二届“一带一路”语言文化高峰论坛、“一带一路”语言文化共兴发展论坛、第二届中国语言康复论坛等。参与嘉宾指出，这些论坛的举办，将推进北京城市语言文化建设、语言文字事业繁荣和语言产业发展，深化“一带一路”沿线各国人文交流，有利于加强中外语言文化互鉴，不断提升国家软实力，促进世界各国民心相通。同时，这些论坛搭建了中外语言文化交流互鉴的重要平台，符合

① 《助力“一带一路” 北外今年新增 11 个小语种专业》，新华网，2017 年 3 月 29 日，http：//www.xinhuanet.com/local/2017-03/29/c_1120718184.htm。

② 梁昊光、张耀军：《“一带一路”语言战略规划与政策实践》，《人民论坛·学术前沿》2018 年第 5 期，第 98~105 页。

“一带一路”、人类命运共同体建设的美好愿景。[①]

为贯彻落实习近平总书记提出的“着眼于办成一届精彩、非凡、卓越的奥运盛会”重要指示精神，推动实施《国家语言文字事业“十三五”发展规划》，服务国家发展需求，着力建设首都北京国际交往中心，助力2022年北京冬奥会语言服务，教育部、国家语委与北京冬奥组委联合启动了“北京冬奥会语言服务行动计划”。教育部、国家语委、北京冬奥组委发挥统筹、协调和组织作用，强化与相关部门的联动，融合各方力量共同参与，推动落实行动计划。根据冬奥会的语言服务需求，整合多种语言资源，发挥高校、研究机构、企业及相关社会力量的作用。参与单位分工合作，共建共享，互动发展。充分利用语言和信息化技术发展的最新成果，通过项目制的实施，推动语言服务与信息化紧密结合，助力“科技奥运”。

根据冬奥会筹备需求，北京先期围绕基础性资源建设、规范标准建设、优化城市语言环境等推进相关项目。这主要体现在以下几个方面。其一，开展语言技术集成工作。进行相关术语开发，建设跨语言的术语服务平台。在该平台基础上推动开发多语言服务系统和智能APP，集成语音识别与合成、机器翻译、人机对话等技术成果，打造人机智能交换平台，为冬奥会提供实时、便捷、全方位的多语言服务。其二，提供语言翻译和培训服务。根据冬奥会对语言服务、语言翻译的需求，组建语言专家团队，对冬奥会重要会议资料、文件的译文进行审核把关；为冬奥会语言翻译服务商推荐评审专家。根据冬奥会赛事需要和相关规范标准，组织专家制定多语种培训规范。编写语言培训教材，对中外志愿者进行语言文化培训；为国内技术人员、翻译人员、北京冬奥组委工作人员、冬奥会志愿者等提供语言培训服务。其三，优化城市语言环境，提供场馆语言环境服务。在北京组织开展城市用语用字情况检查，并向社

① 《“语言服务与人类生活”国际语言文化论坛在北京举办》，北京语言大学新闻网，2018年10月30日，http：//news. blcu. edu. cn/info/1011/1235. htm。

会发布检查情况，确保北京冬奥会语言文字使用符合国家有关语言文字方针政策和规范标准。对冬奥会场馆英文标识进行检查并提出修改意见和建议。其四，开展外语志愿者培训工作。根据冬奥会筹办和举办工作的语言服务需求，制定以提升组织能力和业务水平为目标的外语志愿者培训计划，协调外语类高校，为冬奥会赛前和赛时志愿者提供外语培训服务。编写“2022 年北京冬奥会和冬残奥会体育项目名词术语”，推动冬季奥运体育项目名词术语的规范化。开设“北京市民语言文化大讲堂”，编写“迎接冬奥会：语言与文化”市民培训普及读本。其五，合作开展冬奥会语言文化展示体验项目。以“语言和体育文化”为主题，在北京冬奥会场馆文化展示中，体现北京文化优势，融入冬奥会所涉及语种的文化介绍，开展多种形式的语言文化展示体验项目。[①]

2018 年 8 月，北京文化贸易语言服务基地正式入驻国家对外文化贸易基地（北京）。语言服务基地的入驻，可以拓展园区企业海外贸易渠道，促进完善文化贸易产业链，在很大程度上支持基地主办的各类国际交流活动与文化产品展示活动；同时也将精准对接园区的文化企业和文化项目，不断推进国内外企业和组织内部的高效沟通与交流，助力品牌树立良好的国际形象，促进中外文化贸易的发展，为政产学研结合发展增添强劲动力，努力打造一个对外交流的综合性服务平台。[②]

2. 积极构建金融科技生态系统

在中美贸易摩擦的走向及未来前景不明朗的情形下，北京应构建金融科技生态系统，以金融科技生态系统助力科技创新，以金融科技生态系统支撑新一轮服务业扩大开放，优化金融科技生态系统制度环境，助力北京国际交往中心建设。为此，应注重从以下几个方面开展工作。其

① 《北京冬奥会语言服务行动计划》，中华人民共和国教育部网站，2017 年 5 月 25 日，http：//www. moe. gov. cn/s78/A19/moe_814/201705/t20170525_305759. html。

② 《北京文化贸易语言服务基地揭牌仪式在京交会隆重举行》，北京外国语大学网站，2018 年 5 月 30 日，https：//gsti. bfsu. edu. cn/info/1127/1466. htm。

一，加强监管，不断探索建立“金融风险管理试验区”，推动金融科技生态系统朝着“助力金融创新、防范金融风险”方向行稳致远。其二，通过编制北京金融服务业对外开放规划，将金融服务业对外开放作为今后工作的主攻方向和有效抓手，衔接起北京市金融科技发展和北京服务业对外开放，并在编制过程中明确北京市各金融功能区的定位、分工和协作方式，制定符合北京资源禀赋特点和发挥区位发展优势的规划，形成各金融功能区的协作机制和利益分配机制。其三，以北京金融科技与专业服务创新示范区为起点平台，尝试导入金融服务业对外开放政策定位，搭建金融服务业对外开放新平台，推动科技与金融的深度融合，使北京金融科技发展支撑北京金融服务业对外开放，充实金融服务业对外开放新内涵，为金融科技提供新的应用空间，丰富首都金融业态，探索打造全新的金融产业链和价值链，更好地服务科技创新，有力支撑北京金融服务业对外开放。其四，利用北京举办 2019 年世园会和 2022 年冬奥会等重大对外活动契机，坚定不移地将改革开放向纵深推进，全力创造市场化、法治化、国际化一流的营商环境，让北京继续成为中外企业投资、发展、合作共赢的首选目的地。[①] 此外，2018 年，通州已计划以北京城市副中心运河商务区为依托，发展高端服务业，其中重点发展金融增值业务，拓展金融科技等新兴金融服务功能。当前，通州正在大力发展财富管理等新兴金融服务功能，建设具有国际竞争力和区域辐射力的财富管理中心，完善财富管理行业的全产业链。[②]

3. 网络基础设施服务

2019 年 6 月，工业和信息化部正式向中国电信、中国移动、中国联通、中国广电发放 5G 商用牌照，标志着我国正式进入 5G 商用，掌握 5G 发展主动权则是北京建设国际交往中心的新机遇。北京市委市政

① 《金融科技建设撑起北京服务业开放新格局》，中国商务新闻网，2019 年 6 月 16 日，http：//www. comnews. cn/article/ibdnews/201906/20190600007498. shtml。

② 《北京城市副中心重点培育发展金融增值业务》，新华网，2018 年 8 月 4 日，http：//www. xinhua net. com//2018-08/04/c_1123222872. htm。

府高度重视5G产业发展，于2019年初提出了要以实现关键核心技术自主可控为引领，规划好、建设好“一五五一”工程，将自动驾驶、健康医疗、工业互联网、智慧城市、超高清视频五大应用场景与北京城市副中心、北京大兴国际机场、2019年北京世园会、2022年北京冬奥会、长安街沿线升级改造项目五个重大工程紧密结合、统筹布局，实现首都功能核心区、城市副中心、重要功能区、重要场所的5G网络覆盖，构筑高端高新的5G产业体系，立足首都城市战略定位，拉动首都新一代信息技术产业全面升级，助力“四个中心”功能建设。[①] 截至2019年7月底，铁塔公司已完成建设交付5G基站7863个，电信运营商开通5G基站6324个，预计到2019年底，全市将建设5G基站超过1万个。[②]

4. 区域交通基础设施网络建设和交通运输服务方面取得显著成效

一方面，交通基础设施实现了互联互通。目前，8条高速公路（京台高速北京段、京秦高速北京段、京昆高速北京段、首都地区环线高速通州大兴段、京礼高速兴延段、延崇高速平原段、大兴国际机场高速及北线高速京开至京台段）先后建成通车，京礼高速延崇山区段在建，2019年底具备通车条件。另一方面，区域一体化运输服务水平显著提升。目前北京已实现市域所有公交线路和地铁线路“全国交通联合一卡通”全覆盖，累计发卡530万张（其中电子卡371万张），与全国245个城市的一卡通互联互通，一卡走遍京津冀乃至一卡走遍全国的模式已初步形成。此外，政策法制协同程度不断提高。北京与津冀已联合印发立法协同相关文件，梳理共享32个规范性文件，共同发布8项京津冀交通区域标准，开启联动执法、联合治超工作，进一步加强三地互

① 《加快5G基础设施建设　抢占北京发展新高地》，中华人民共和国工业和信息化部网站，2019年10月22日，http://www.miit.gov.cn/n1146290/n1146402/n1146450/c7476854/content.html。

② 《今年年底北京将建5G基站超万个》，新浪网，2019年8月14日，http://news.sina.com.cn/o/2019-08-14/doc-ihytcitm9135437.shtml。

联互通。[①]

5. 提升北京城市服务管理水平

当前北京城市服务管理工作面临着一系列不可回避的问题与挑战，如交通拥堵、人口控制、垃圾处理等特大城市管理问题，维持城市运行的供电、供水、供热保障任务难度加大，以雨洪排放、雨雪清理为代表的城市应急管理系统运行压力也日益凸显，以及如何利用信息化技术解决城市服务管理问题等。提升北京城市服务管理水平的路径有以下四个。其一，全市牢固树立安全发展理念和“牵一发而动全身”的全局意识，推动安全生产监管职能重心转移，建立隐患排查治理机制和政策保障制度，提高对危险突发事件的掌控能力。其二，加快通州国际新城核心区建设，制定全面的疏解优惠政策，建立中心城和通州国际新城功能疏解对接机制。其三，以提升通行效率为重点加快推进交通拥堵治理，减少教育、就医交通流，不断加快智能交通体系建设。其四，整合各方资源，统筹推进人口服务管理创新，做好信息平台对接、服务工作对接、居住证功能对接工作。[②]

二　资本市场建设

经过多年的不懈努力，当前首都的资本市场建设工作取得了积极进展，具备了基础性发展条件。一是多层次资本市场体系初步建立。在由中国证监会推动的全国多层次资本市场“两所两系统”（上交所、深交所，新三板、中证报价系统）整体格局中，“两系统”已落户北京。二是各类金融机构和组织不断积聚。中国证券登记结算有限公司、中国证券金融股份有限公司、中证信息技术服务有限责任公司等资本市场的重

① 《北京在区域交通基础设施网络建设和交通运输服务方面取得了显著成效》，中华人民共和国交通运输部网站，2019 年 9 月 26 日，http://www.mot.gov.cn/2019wangshangzhibo/2019ninth/zhibozhaiyao/201909/t20190926_3277036.html。

② 张远：《关于提升北京城市服务管理水平的若干思考》，《城市问题》2013 年第 4 期，第 78~82 页。

要基础性平台公司在京设立。一些行业自律组织如中国证券业协会、基金业协会、期货业协会和中国上市公司协会等，发挥的作用越来越大。三是金融发展环境持续优化。《关于进一步推动企业上市工作的意见》《关于加强对上市公司服务促进首都实体经济发展意见》《北京市支持中小企业创新融资资金管理实施细则》《关于推进区域性股权交易市场规范发展的指导意见》等政策文件陆续出台。①

但从全球角度看，北京资本市场的内部制度和规模与国际交往中心的地位是不相称的。北京资本市场的发育程度比较低，存在诸多缺陷：资本市场的直接融资比例偏低；区域性资本市场规模小，作用有限；部分优质的中小创新企业仍面临融资难和融资贵的问题；资本市场中的重要主体投资银行未发挥真正的作用；还存在机构投资者发育不良和市场效率低下等问题。北京与国外金融中心城市相比差距仍较大。要建设真正的国际交往中心，高效有序的资本市场是必不可少的支撑，主要包括以下几个方面。

1. 优化各层次资本市场

扩大新三板市场规模，吸引优质公司，探索新兴业态。2006 年，经国务院批准，中关村非上市股份有限公司股份报价转让系统（新三板）正式启动，该系统主要承接中关村科技园区内中小股份制公司的股权转让。2006 年 1 月，中关村科技园区公司进入系统开始试点，北京的新三板市场正式形成，并从中关村辐射全国，定位为中国的纳斯达克。当前，新三板市场的规模需要继续扩大，创新并丰富交易机制，改进运营机制，增加挂牌企业的数量。借助北京的资源优势和背景优势，新三板市场要进一步吸引优质公司，尤其是海外中概股上市公司，同时积极探索新业态，扩大新三板服务的企业对象，增加该板块的影响力。另外，在基础设施方面，加大对路演中心的建设和投入力度，整合线上

① 张幼林：《多层次资本市场：北京金融产业的新增长点——“十三五”时期首都多层次资本市场发展的思考》，《北京社会科学》2016 年第 1 期，第 62~66 页。

线下资源，不断完善增值服务，提高对企业的服务能力。真正实现为处于发展初期的中小高科技企业和其他创新型企业服务的目标，提高市场效率。

支持北京股权交易中心发展，服务小微企业，扩大辐射范围。北京产权交易所参与投资设立的北京区域性股权交易市场——北京股权交易中心有限公司在 2013 年 12 月 28 日召开启动会，标志着北京地区“四板”市场正式启动。北京股权交易中心是经北京市政府批准的非营利性区域股权交易市场，也是多层次资本市场的重要组成部分，定位于中小微企业培育和规范的园地。首先要明确为中小微型科技创新企业、文化创意企业提供融资交易的目标，培养优质上市企业，发挥好高新技术“孵化器”的职能，聚焦重点，突出特色。将各类服务向企业早期发展延伸，带动科技创新产业发展和产业结构优化升级。另外，北京可利用其资源优势和地理位置优势，梳理整合京津冀资源，借鉴天津股权交易所的成功经验，完善创新机制，扩大辐射范围，创造规模效应。

完善北京产权交易所的产权交易功能，提高市场活跃度，整合全国市场。2004 年 2 月，北京产权交易中心和中关村产权交易所合并为北京产权交易所，其交易对象包括高新技术产业产权和国有企业产权，为北京发展产权交易提供了优越的条件，打下了坚实的基础。但目前市场交易的活跃度不够。营造活跃的产权交易市场的关键在于鼓励企业产权转让，为此需要北京市国资管理部门在保证国有资产保值增值的同时，制定措施支持产权交易的市场行为。大力探索建立做市商制度，开发全新交易品种，在完善产权交易功能的同时推动业务创新，发展产权交易的中介业务和增值业务，为资本流动和股权交易提供市场化的价格发现机制，吸引国有资产之外的产权进场，提高产权交易市场的活跃度。另外，可逐步使北京产权交易所通过收购兼并形式，扩张为全国性的产权市场，增强集聚和辐射功能。当前国内产权市场数量众多，整合全国产权市场有利于加快产权转让进程，提高市场效率，从而为首都经济发展和国际交往中心的建设提供有力支撑。[①]

重视中证机构间报价系统发展，加速资金对接，推进系统互通。中证机构间报价系统定位于私募市场、机构间市场、互联互通市场、互联网市场，致力于为金融机构和专业投资机构发展私募业务提供专业和全面的报价服务。作为中小微企业的资金服务者，机构报价系统需积极加强平台建设，盘活私募基金资产，拓展私募基金退出渠道，加速私募基金与创新企业实体的对接，提高基金投资效率。另外，要稳步推进机构间报价系统和区域股权市场、银行、券商等各类市场主体的互联互通，扩大企业融资资金来源，充分发挥私募产品市场的规范、示范作用，增强对全国的辐射力，为各层次资本市场融资业务的互联互通奠定基础。[②]

2. 完善资本市场的管理运行体制

完善多层次资本市场的法律法规。国际交往中心的建设要得到国际化资本市场体系的支持，在构建国际化的多层次资本体系时，应夯实资本市场的制度基础，完善法律法规，推进制度国际化，促进首都资本市场的建设与国际接轨。当前针对资本市场和股票发行交易的法律有《公司法》和《证券法》，但由于这两部法律缺乏明确的规定，不能为层次较低而又非常重要的区域性交易市场提供法律保障，因此成为北京资本市场国际化的掣肘。针对上述情况，北京应该从以下两个方面完善资本市场法律法规体系。一方面，确定场外交易市场和区域交易市场的合法地位，明确规定我国资本市场可以接受国外公司在国内上市，并规定国外公司的上市企业范围、上市标准、监管模式、信息披露要求等方面的具体实施内容。[③] 另一方面，完善市场各类主体的准入制度。科学

① 王磊：《充分利用资本市场发展北京经济》，《北京社会科学》2004 年第 3 期，第 105~111 页。

② 李秀江：《报价系统：私募市场的全新平台》，《中国民商》2015 年第 5 期，第 76~79 页。

③ 曾繁振：《国际化背景下中国多层次资本市场体系及其构建研究》，博士学位论文，中共中央党校，2012。

合理地制定挂牌企业入场的资格条件，规定做市商、保荐人及市场中介机构的准入资格。

制定合理的交易制度和信息披露制度。资本市场的主要交易制度分为竞价制度和做市商制度，其中做市商制度是通过做市商撮合投融资双方，解决交易不匹配的问题，增加市场流动性，因此在企业规模较小、信息披露不充分且活跃度较低的场外交易市场和区域性交易市场应采用做市商制度，降低交易成本，提高交易成功率，活跃资本市场。同时，北京还可以借鉴天津股权交易所的成功经验，采用混合交易制度，实现竞价交易和做市商两种制度的优势互补。但这种制度处于探索阶段，还需要不断设计和完善具体的实施过程，使之更适应市场的发展。在信息披露制度方面，由于场外市场和区域性交易市场上市门槛相对较低，企业大多为中小型和科技创新企业，在诸多方面存在着较大的不确定性，整体投资风险较高，因此必须执行严格的信息披露制度，消除信息鸿沟，强调中介机构在信息披露中的沟通连接作用，降低市场的运行成本，提高市场效率，保护投资者的利益。

构建国际化背景下多层次资本市场的监管体制。为了维护资本市场的公平公正和高效透明，保护中小投资者的利益，防范市场中的系统风险，必须要建立合理高效的资本监管体制，落实“公正、公开、公平”的市场原则。对于场外交易市场和区域性交易市场，应该采用以自律监管为主、政府行政引导为辅的监管模式。一方面，要给予自律组织适当的监管权并增强其管理能力。通过直接参与市场，自律组织可以充分了解并监控市场上各金融组织和机构的风险行为，建立有效的监管机制，维护区域性市场及场外市场的高效运行。另一方面，北京作为都和城的结合体，要厘清中央和地方政府的监管权力，确保分工清晰明确，提高监管效率。

3. 健全各层次资本市场之间的衔接互通机制

设计多层次资本市场转板机制。当市场信号不足时，优质企业会因估值不足而退出资本市场，而劣质企业则会充斥资本市场，此时则可能引发系统风险。因此，详细划分资本市场层次并且通过转板制度连接各层次市场，就可以使企业在合适的资本市场进行交易和融资，解决信息不对称导致的逆向选择问题，实现帕累托最优。北京在重点打造三板市场和区域性交易市场的过程中，应借鉴美国经验，规定当场外和区域性交易市场的企业发展壮大并达到交易所的上市条件时，证券上市审核机构应对企业申请至符合条件的交易所板块进行后续融资予以批准。这一举措可大大提升三板市场和场外交易市场的吸引力和竞争力，吸引更多优质中小企业上市交易。另外，转板机制可以有效发挥三板市场和区域性交易市场的“孵化器”功能，为交易所提供更多的优质项目，提升各层次市场的交易和融资效率。

遵循市场化原则执行退市标准。发达国家的资本市场设置有严格的退市制度，如果上市公司不再符合上市标准，就会被要求强制退市，以便在淘汰质量较差的公司的同时吸引真正的优质公司，提高资金配置的效率。目前我国也设置了退市制度，但标准宽泛模糊和相关法律制度不完善等使得我国的退市制度操作性并不强。因此，要建立完善的资本市场，北京可考虑从建立规范合理的退市制度入手，增加反映安全性、流动性等营利以外的指标，强调上市公司的总市值等市场化指标，以市场选择作为参考来筛选退市公司。另外，北京可利用三板市场和区域性交易市场落户的优势，将场外市场作为上市公司退出的承接地，为投资者提供退市后的流通渠道，缓解公司退市的压力，提高退市制度的可操作性。

三　产业支撑力度

北京已经具备建设国际交往中心的基础条件。当前北京的产业发展主要有以下几个特征。一是产业结构升级，新兴产业方兴未艾。近年来，随着北京市一系列加速高耗能行业退出的调控措施的出台，以及以首钢为代表的钢铁、化工等重工业的相继迁出，北京工业经济已经进入以结构和质量为主的产业升级时期。[①] 高耗能产业占比不断下降，新兴产业的总产值占比不断增加，贡献率持续上升。在新能源、新材料、生物医药、节能环保、新能源汽车等战略性新兴产业方面，涌现出一批新的研究成果，发展势头良好。二是特色产业集群成为中坚力量。在重点功能区内，目前已形成亦庄移动通信产业、顺义汽车产业、金融街金融产业、CBD 文化传媒产业、中关村软件产业等几个大的产业集群。目前 CBD 地区已形成涵盖广播、文化艺术、广告、信息网络等多个相关领域的产业集群。顺义已形成汽车研发、生产、物流、销售等几大核心领域的汽车产业集群。亦庄星网工业园是目前全球移动通信领域最大的技术研发、设计、制造与采购中心之一，拥有完整的手机产业链。[②] 三是虚拟经济产业膨胀。在特定环境下，虚拟经济行业中整体利润水平较高，吸引了众多投资者，而实体经济中企业成本不断上升，使得包括大型央企和地方国有企业等在内的实体企业纷纷转向虚拟经济产业，产生经济泡沫。

北京的产业结构以及由此形成的产业竞争力必须能够支撑北京建设国际交往中心的城市功能。因此，北京应在政府的引导下，充分发挥市场的作用，利用优势资源，从产业体系和产业空间布局两个方面挖掘产业发展的潜力。

1. *产业体系方面*

以生产性服务业为重点完善北京市的产业链。发展生产性服务业有利于进一步完善北京市的产业链，既要注重现有现代服务业集聚区的空间扩展和规模化发展，又要实施网络集聚、虚拟集群和柔性集群的发展战略，打造可以包容现代服务业充分发展的综合商贸区、物流基地和现

① 梁释心、付洁、王肃：《基于产业链视角的北京产业发展战略》，《承德石油高等专科学校学报》2013 年第 3 期，第 60~64 页。

② 和朝东：《北京产业发展总体特征与未来发展策略》，《北京规划建设》2011 年第 6 期，第 48~52 页。

代工业集聚区，并在规划设定的新城内构建新型的现代服务业聚集区。①

利用高科技产业提升竞争力。北京是全国科技、资本、人才等高端生产要素的聚集地，能够最大限度地发挥资源优势，利用创新引擎推动产品科技研发，聚焦前沿技术创新。一方面，要重点发展战略性新兴产业。战略性新兴产业对北京建设国际交往中心的意义重大，有利于带动国家在与发达国家的竞争中占领经济和科技发展的制高点。因此，要加强新兴技术在战略性新兴产业中的应用，提升产业竞争力。另一方面，要重视对传统产业的改造升级，加快对现有高耗能和高污染的传统工业进行技术赋能的脚步，推动传统产业的技术改造，促进工业化与信息化的结合。

优化发展文化创意产业。文化底蕴是北京建设国际交往中心的重要特色和优势。作为文明古国的首都，北京拥有丰富的历史文化遗产，聚集了丰富的文化资源。北京奥运会的成功举办、“三个北京”（绿色北京、人文北京、科技北京）的全面建设与扎实推进，更为北京赢得了全球声誉，展现北京作为现代国际大都市的崭新风貌。北京依托独一无二的文化内容资源和要素资源，使文化创意产业初步成为其支柱产业。应进一步培育文化创意产业的意识形态功能，以我国优秀的传统文化、社会主义核心价值观、北京打造世界城市的核心价值，夯实北京文化创意产业的内容，打造核心竞争力。同时，以文化创意产业为载体，提升北京作为文化中心的地位，提升北京的文化软实力和国际影响力。②

完善充实金融产业。金融交往中心是北京作为国际交往中心的重要经济功能。国际交往中心应该拥有成熟的金融市场、完善的金融业务以及丰富高效的金融机构，另外适当的虚拟经济是实体经济发展的基石，可以为产业链的健康发展提供基础性支持。北京在布局高科技产业、生

---

① 寇静、朱晓青：《世界城市的特性、主导产业及对北京的启示》，《新视野》2012 年第 1 期，第 36~39 页。

② 邓丽姝：《建设世界城市与北京产业结构升级》，《生产力研究》2011 年 10 期，第 192~194 页。

产性服务业及文化创意产业时离不开虚拟经济的支撑。因此，应当加强虚拟经济交易市场的发展，拓展金融市场的功能，打造多元化高效率有特色的投融资体系，完善金融市场对产业发展的支撑。同时也需要政府进行政策性引导，防范恶性投机行为和金融泡沫的产生，保证金融市场的健康发展。

2. 产业空间布局方面

随着北京产业结构的优化升级，产业空间开始由集聚向分散转变，对其进行合理布局显得尤为重要。具体来说，根据当前产业结构调整的情况，中心区第三产业快速发展，而大量的传统工业则开始由城区向郊区转移，新的产业园区在城市周边蓬勃兴起。拓展区和郊区应建设一些融创业就业、居住、社会事业配套、生活休闲等功能于一体的创客园区、产业园区，包括卫星城，引导一些初创期的中小企业和青年创业人员从中心城区流出，发展创意、设计产业和数字化制造产业，减缓中心城区交通、人流、能源环境等压力。中心城区则腾出空间，主要发展高端知识服务产业，打造成为面向全球的控制中心、数据和信息中心、集成服务中心、解决方案中心、决策中心、技术研发中心和科技成果交易中心，发展总部经济、平台经济，从而实现城市功能提升与产业结构和地区结构调整、城镇化建设的统一协调。[①] 形成中心城区以服务业为主，从中心城区到外围区域，服务业比重逐渐降低，第二产业和第一产业比重逐渐升高的格局；初步形成从中心城区到农村地区，现代服务业、高新技术产业、现代制造业、都市型工业相对集聚，都市型现代农业镶嵌其间的总体空间格局。同时，由于产业发展受到当地地理条件等相关因素的制约，产业的空间布局需要考虑产业发展与人口、资源和环境之间的和谐关系，弘扬生态文化，改善城市环境，发展绿色循环经济，推进绿色产业布局。

① 王忠宏、王孟卓：《第三次工业革命与北京产业发展》，《中国发展观察》2014 年第 12 期，第 75~76 页。

3. 外部保障

要建立完善的产业体系和合理布局产业空间，也需要一系列的外部保障。

一是发挥创新驱动和高端引领战略优势。形成以市场为导向、以企业为主体的创新体系，提高研发投入资金，保护知识产权，完善创新机制。突出抓好高端产业功能区建设，增强对全市经济的支撑能力。把“两城两带、六高四新”作为首都经济的主要承载地，注重要素集聚、政策集成、资源集约，着力提升高端产业功能区科学发展水平。①

二是培养高端人才，提升劳动力的技能。北京应利用现有资源和资金等优势，完善激励机制，培养高端人才，激发企业家精神，结合北京市产业特点，完善人才培养体系，进一步有针对性地加强人才培养，提高劳动力的技能。制定合理的人才发展战略，以此推动产业发展。

三是发挥市场机制的作用，坚持以需求为导向。政府应鼓励进一步发挥市场机制的作用，以市场为导向推动产业优化升级，提高产业效益水平。利用市场机制提高企业创新的积极性，推动形成良好的创新生态、创新文化、创新机制，使企业真正成为创新的主体。同时政府应以需求为导向，改革不合理的体制机制，调动不同所有制企业、不同规模企业创新的积极性。

四是拓宽资金对科技的支持渠道。建议北京进一步发挥政府与市场的作用，设立专项引导资金，完善企业融资体系，拓宽科技企业资金来源的渠道，突破银行信贷的政策瓶颈。同时，应依靠北京自身资金、人才、技术等优势，缓解新兴科技企业的资金压力，促进高科技企业的发展，推动产业优化升级。

四 良好的生态环境

建设国际交往中心，离不开良好的生态环境。近年来，空气污染、

---

① 沈怡辰：《北京产业发展研究》，《中州建设》2015 年第 15 期，第 70~71 页。

交通拥堵、人口膨胀等问题，在一定程度上制约着北京各类国际交往功能的实现。对此，北京市政府采取有效措施，不断优化生态环境，逐步提高国际化服务能力。

1. 加大空气污染治理力度

北京遭遇的雾霾污染，影响到首都乃至国家形象，引发了各方的关注。2017 年，北京市攻坚克难，经受住了“大气十条”收官之年的考验。新一轮细颗粒物（$PM_{2.5}$）来源解析研究表明，北京大气污染的主要来源已不再是燃煤，这是压减燃煤、实施能源清洁化战略取得的重要成效。随着移动排放成为主角，北京围绕高排放重型柴油车治理、扬尘污染管控、挥发性有机物减排等重点展开工作，尤其是针对重型柴油车，采取疏堵结合的方式，加速老旧车更新淘汰；退出 500 家一般制造业企业、动态清零“散乱污”企业，“无煤化”向浅山区延伸。与此同时，北京市倡导绿色出行，轨道交通建设持续推进，城市路网加快完善；加大环境执法力度，市级环保督察实现各区全覆盖，严格落实问责机制。到 2020 年，北京 $PM_{2.5}$年均浓度将降至 56 微克/立方米左右，空气质量优良天数比例超 56%。[①]

《2018 年北京市生态环境状况公报》显示，2018 年，北京市空气中细颗粒物年平均浓度值为 51 微克/立方米，同比下降 12.1%，超过国家标准 46%。二氧化硫、二氧化氮、PM_{10}年平均浓度值分别为 6 微克/立方米、42 微克/立方米、78 微克/立方米，同比分别下降 25.0%、8.7%、7.1%，空气质量持续改善，呈现“优增劣减”特征。全年空气质量达标天数 227 天，达标天数占比 62.2%，比上年增加 1 天，比 2013 年增加 51 天；空气重污染天数为 15 天，比上年减少 9 天，比 2013 年

① 《北京 $PM_{2.5}$年均浓度 5 年要降 30%　空气质量优良天数比例超 56%》，人民网，2016 年 11 月 9 日，http：//bj.people.com.cn/n2/2016/1109/c82840-29276665.html。

减少 43 天。全市大气降水年平均 pH 值为 6.90，无酸雨发生。[①]

2. 加强水治理

打赢碧水攻坚战，北京正朝着更高质量的“量水发展”方向迈进。2017 年，北京开工实施地面水质治理工程，对全市 141 条段黑臭水体进行全面排查，年底，全市地表水监测表明，高锰酸盐指数和氨氮的年均浓度值同比分别下降 19.0%和 51.5%；市内 57 条段黑臭水体完成治理。与此同时，实施严格的水资源管理制度，着力提高精细化管理水平。2017 年，万元地区生产总值水耗下降到 14.1 立方米，为全国各省区市最低；污水处理率提高到 92%，再生水年利用量达到 10.5 亿立方米，居全国第一。[②]

全市地表水的水质持续改善。河流劣五类水质河长比上年减少 13.7%，湖泊劣五类水质面积比上年减少 10.7%。五大水系中，潮白河系水质最好，永定河系、蓟运河系和大清河系水质次之，北运河系水质总体较差。团城湖、昆明湖、六海、筒子河和展览馆后湖等 10 个湖泊为中营养，其他湖泊为轻度-中度富营养。密云水库和怀柔水库符合饮用水源水质标准。官厅水库水质为Ⅳ类，主要污染指标为化学需氧量、氟化物、总磷和高锰酸盐指数。土壤环境质量良好，声环境质量保持稳定，辐射环境质量保持正常。2018 年，生态环境状况级别为“良”，生态环境状况指数（EI）为 68.4，比上年提高 0.9%。[③]

3. 构建更高质量的城市森林生态体系

经过持续植树造林，北京平原地区已新增万亩以上绿色板块 23 处、

① 《北京年度生态环境公报：大气、水、自然生态等持续改善》，新华网，2019 年 5 月 9 日，http：//www.xinhuanet.com/politics/2019-05/09/c_1124473815.htm。

② 《北京生态环境持续向好》，搜狐网，2018 年 6 月 4 日，https：//www.sohu.com/a/233943834_114731。

③ 《“好天儿”超六成》，东方资讯，2019 年 5 月 10 日，http：//mini.eastday.com/a/190510095120325.html。

千亩以上大片森林 210 处，建成 18 个大尺度森林公园。截至 2017 年底，北京平原地区森林覆盖率达到 27.81%。[①] 2018 年，北京启动新一轮百万亩造林工程，在植树的同时重视山水林田湖草系统治理，科学配置食源、景观等各类树种，使之有利于保护生物多样性，构建更高质量的城市森林生态体系。未来 5 年，北京将在浅山区、平原地区、城区、核心区重点绿化，使全市森林覆盖率达到45%以上，人均公园绿地面积增加到 16.6 平方米，满足人民群众日益增长的优美生态环境需要，[②] 更好地服务于北京国际交往中心建设。

4. 加强科学治污，不断提升监管能力

2018 年公布《北京市打赢蓝天保卫战三年行动计划》《北京市蓝天保卫战 2018 年行动计划》《北京市秋冬季攻坚细化分解方案》，以 $PM_{2.5}$治理为重点，聚焦柴油货车、扬尘、挥发性有机物等重点防治领域，工程减排、管理减排并重，强化区域联防联控，加强精细化管理。[③] 北京市尤为注重加强科学治污，不断提升监管能力。2018 年，完成了新一轮 $PM_{2.5}$来源解析，为打赢“蓝天保卫战”提供了科学支撑。同时，在持续发挥全市 $PM_{2.5}$高密度网络趋势监控作用的基础上，建成覆盖全市乡镇街道的粗颗粒物监测网络，并向社会公布全市粗颗粒物浓度较好、较差的乡镇街道，实现精细化管理。目前，本市已经建成覆盖全市 325 个街道乡镇的粗颗粒物监测网络，共有 1000 多个监测站点。此外，还有序退出一般制造和污染企业 656 家，动态清理整治“散乱污”企业 521 家，进一步扩大结构性减排成效，全市共完成 450 个平原村煤改清洁能源，并同步做好电力、燃气、优质煤供应保障，全市集中

① 《北京生态环境持续向好》，搜狐网，2018 年 6 月 4 日，https：//www.sohu.com/a/233943834_114731。

② 同上。

③ 《北京年度生态环境公报：大气、水、自然生态等持续改善》，新华网，2019 年 5 月 9 日，http：//www.xinhuanet.com/politics/2019-05/09/c_1124473815.htm。

供热清洁化比例达99%以上。全市平原地区基本实现“无煤化”。[①]

5. 打造怀柔示范区

在《北京城市总体规划（2016年—2035年）》中，除中心城区外，仅有怀柔被确定为服务国家对外交往的生态发展示范区。位于北京市东北部、距离市区50公里的怀柔，作为首都生态涵养区、国家重大外交国事活动重要承办地，也在向世界展示中国扩大开放的姿态和东方国际会都的风采，在北京国际交往中心功能定位中占据重要地位。怀柔生态环境得天独厚，被称为“首都的后花园”。无论是巍峨壮美的慕田峪长城、声名远播的古刹红螺寺，还是温柔秀美的雁栖湖、瀑飞峭陡的青龙峡、茂密的原始次生林，都吸引着大批国内外游客。2018年，怀柔在北京市主要环境指标考核中均拔得头筹：月均降尘量考核排名全市第一；全年$PM_{2.5}$累计浓度44微克/立方米，排名全市第一；地表水环境质量考核排名全市第一；城乡环境检查考评8个月排名全市第一。第三季度细颗粒物平均浓度32微克/立方米，首次达到国家空气质量二级标准，实现季度性达标。[②]

栽下梧桐树，引得凤凰来。从1995年联合国第四次世界妇女大会NGO论坛在怀柔成功举办，到北京雁栖湖生态发展示范区全面建成，怀柔国际会都进入新的发展阶段。2014年亚太经合组织第22次领导人非正式会议和2017年“一带一路”国际合作高峰论坛在怀柔举办，吸引了越来越多的世界目光。

怀柔“国际会都”的成名始于在雁栖湖国际会展中心举办的2014年亚太经合组织第22次领导人非正式会议。作为重要的承办场地，如今怀柔见证了世界妇女大会、APEC以及“一带一路”国际合作高峰论

① 《打赢“蓝天保卫战”第一年，北京大半年都是“好天儿”》，百家号北晚新视觉网，2019年1月4日，https://baijiahao.baidu.com/s?id=1621710225026663027&wfr=spider&for=pc。

② 《怀柔$PM_{2.5}$第三季度平均32微克/立方米，达国家空气质量二级标准》，人民网，2018年10月12日，http://bj.people.com.cn/n2/2018/1012/c82838-32151499.html。

坛的成功召开，其国际会都的定位可谓实至名归。可以说，APEC 见证了怀柔站上国际会都高地的历史时刻，也成为怀柔国际会都城市定位的“黄金分界线”，而“一带一路”国际合作高峰论坛则将怀柔国际会都的定位推向了一个新的历史高度。

目前，怀柔已拥有国内一流的会议会展场馆和设施，建成国际会议中心、国际会展中心、雁栖酒店及贵宾别墅、日出东方酒店等一批具有国际一流水准的高端会议会展设施，为会议会展业发展奠定了坚实的基础。为保证场馆得到充分高效的利用，雁栖岛、日出东方酒店聘请了高水平专业团队凯宾斯基进行经营管理，雁栖湖国际会展中心引进了国家会议中心公司进行经营管理。怀山柔水与现代化的会展基础设施相互辉映，现在的怀柔以雁栖湖生态发展示范区为中心，已经成为北京市会议会展产业集群最活跃的地区之一。

根据规划，怀柔国际会都的目标定位于世界高端会议新地标、绿色会展产业领军地。集中承接国际会议会展活动，引进国际组织、智库和国际大型政经会议、专业会议。加快综合配套服务设施建设，提升国际会都服务水平，全面服务北京国际交往中心建设。①

怀柔雁栖湖地区将成为北京国际交往中心功能的主要载体，这也基本确定了怀柔区的功能定位。对此，应不断整合、改造雁栖湖国际会都资源，努力打造高端雁栖小镇，做好环雁栖湖区域的减量、退岸、环境整治和优化提升规划；发挥带动作用，提升怀柔区的整体服务能力，充分发挥国际会都的辐射带动作用，不断提升周边区域管理、服务和发展水平；完善国家会议中心功能，把雁栖湖国际会都和国家会议中心扩容作为重点工程来抓，并以此带动整个国际交往中心建设。②

---

① 《北京国际交往中心的重要舞台》，海南电视新闻网，2019 年 4 月 24 日，http：//www. hnwtv. com/gj/10731 5. html。

② 《雁栖湖地区将成为北京国际交往中心功能的主要载体》，人民网，2017 年 8 月 23 日，http：//world. people. com. cn/n1/2017/0823/c1002-29490106. html。

五　历史文化资源

历史文化是城市的灵魂。首都北京拥有 3000 多年建城史、800 多年建都史，蕴含着中华文明深厚的历史底蕴，也彰显着大国首都的文化自信。深厚的历史文脉，塑造了北京独特的文化气质和城市风骨。

北京是世界文化名城、世界文脉的重要标志之一。“一轴一线一带”、紫禁城、城垣城门、皇家坛庙、街巷胡同、挂牌四合院、历史文化街区、优秀近现代建筑、文物保护单位等老城整体保护资源，风景园林、重要历史事件发生地、老城军事遗迹、考古遗迹、官署使馆、宗教场所等老城历史遗迹，展现出首都北京的风韵典雅、国际化精神气质，进而沉淀为天然而稳定的首都文化认同感。国家大剧院、中国美术馆、国家博物馆等公共文化资源，则带动了首都文化活动的首站效应。

1. “老城”换“新城”，保护历史文化资源

2017 年 6 月，在中国共产党北京市第十二次党代会报告中，“老城”取代了以往沿用多年的“旧城”的表述。虽然只是一字之别，但其折射的是古都保护观念的转变。可以说，北京老城拥有无可比拟、无法替代的独特资源。而保护好北京历史文化遗产，正是建设国际交往中心的重要支撑所在。习近平总书记先后在多个场合对北京历史文化遗产保护做出指示：“北京是世界著名古都，丰富的历史文化遗产是一张金名片，传承保护好这份宝贵的历史文化遗产是首都的职责。”“要本着对历史负责、对人民负责的精神，传承城市历史文脉，下定决心，舍得投入，处理好历史文化和现实生活、保护和利用的关系，该修则修，该用则用，该建则建，做到城市保护和有机更新相衔接。”“北京历史文化是中华文明源远流长的伟大见证，要更加精心保护好，凸显北京历史文化的整体价值，强化‘首都风范’‘古都风韵’‘时代风貌’的城市特色。”①

① 《“保护好北京历史文化遗产金名片”》，人民网，2017 年 10 月 16 日，http：//bj. people. com. cn/n2/2017/1016/c8 2837-30831880. html。

2. 保护非物质文化遗产

北京非物质文化遗产是首都历史文化的重要组成部分，其历史悠久、博大精深，多元融合、博采众长，雅俗共赏、民淳俗厚，对凸显首都历史文化价值与国际交往中心功能，彰显首都风范、古都风韵、时代风貌的城市特色均具有重要的文化意义。目前，北京地区共有 11 个联合国教科文组织“人类非物质文化遗产代表作名录”项目——昆曲、古琴艺术、中国剪纸、中国书法、中国传统木结构营造技艺、端午节、京剧、中医针灸、中国皮影戏、中国珠算、二十四节气；126 个国家级代表性项目，273 个市级代表性项目；102 位国家级代表性传承人，257 位市级代表性传承人。其中，北京市有 21 人是在 2018 年“文化和自然遗产日”前夕被文化和旅游部认定的国家级代表性传承人，如京韵大鼓传承人种玉杰、皮影戏传承人路宝刚、料器（葡萄常料器）传承人常弘、泥塑（北京兔儿爷）传承人双彦、风筝制作技艺传承人孔令民、金漆镶嵌髹饰技艺传承人万紫等。[①]

近年来，北京市出台了《关于加强本市非物质文化遗产保护工作的意见》《关于加强非物质文化遗产保护传承的扶持办法》《北京市非物质文化遗产保护专项资金管理办法》等政策法规，努力发挥政策引领作用，完善非遗保护工作机制，挖掘非遗资源整体价值，推动非遗活态传承，提升非物质文化遗产的国际影响力。以举办传统节庆活动及文化和自然遗产日宣传活动为契机，北京市已开展传统文化活动千余项，举办和参与 50 余次国内外大型非遗展演展示活动；举办“京味儿——北京非物质文化遗产展”“童趣景泰蓝——儿童非遗作品专题展”等活动，与天津、河北文化主管部门联合举办 3 届“京津冀非物质文化遗产展”，支持北京市部分区举办“古韵今风”非遗演出季、鼓舞邀请赛、“非遗大观园”等专题展演展示活动；组织北京非遗走进美国、法国、

① 《北京非遗：凸显首都历史文化价值》，《中国文化报》，2018 年 6 月 8 日。

芬兰、沙特阿拉伯、摩洛哥、土耳其、爱沙尼亚、韩国等国家和地区，展示中华优秀传统文化，在地区和国际层面提升北京非遗的知名度和影响力，弘扬中国精神、传播中国价值。[①]

3. 推出“三个文化带”建设

在保护历史文化遗产、延续历史文脉方面，首都北京有着更为宏大的布局和更加广阔的视野。2016 年，“三个文化带”概念被写入《北京市“十三五”时期加强全国文化中心建设规划》，2017 年，北京正式推出“三个文化带”重塑计划，拟用 4 年时间统筹推进北部长城文化带、东部大运河文化带和西部西山永定河文化带建设，将散落在京城的 500 余处文物古建点亮成串。相对于老城区点、线、片式的文化遗产保护，“三个文化带”在北京市域内覆盖的范围更广，达 16000 多平方公里。[②]长城文化带、运河文化带、西山永定河文化带拥有北京“刚柔并济、山水相依”的自然文化资源和城市发展历史，是北京文化乃至中华文明的精髓和象征。“三个文化带”关系到首都北京乃至整个京津冀地区的发展，北京亟待制定实施“三个文化带”保护利用规划，构建整体保护格局，推进区域文化遗产连片、成线保护利用，挖掘区域文化遗产整体价值。“三个文化带”保护的实施，将进一步厘清古都的历史文脉，为北京建设国际交往中心奠定更加坚实的基础。

建设国际交往中心，应注重北京历史文化的整体价值，强化其“首都风范、古都风韵、时代风貌”的城市特色，加强对北京历史文化整体形态的传承和保护。无论是从文化历史的延续性、文化内涵的深刻性，还是从文化形态的特殊性、文化遗迹的完整性来进行多方面综合评价，北京的国都文化史迹都当之无愧为中国之首、世界唯一，这是北京向世界递上的“金名片”。古都北京规划设计堪称中华传统思想与精湛

---

① 《北京非遗：凸显首都历史文化价值》，《中国文化报》，2018 年 6 月 8 日。

② 《“保护好北京历史文化遗产金名片”》，人民网，2017 年 10 月 16 日，http：//bj.people.com.cn/n-2/2017/1016/c82837-30831880.html。

瑰丽艺术的完美结合，集中国历代都城建设之大成，集中华文化艺术之精髓，坛庙寺观点缀，金水玉河环绕，各民族文化熔于一炉，世界文化密切交融。从庄严的紫禁城到中轴线，从礼制坛庙到王公府邸，从皇家园林到文人会馆、名人故居，处处都是这座城市宝贵的历史文化遗产、独家记忆和文化符号。这些都有利于吸引更多国际组织落户北京、感受北京的人文之美，让每一个慕名而来的国际友人流连忘返，领略北京创意无限、活力四射、热情好客的魅力。①

建设北京国际交往中心，要充分利用历史文化资源，做响、做亮文化这张“金名片”，讲好历史文化故事，实现文化传承和文明传播，要以时间维度的大历史观看待北京国际交往中心的功能定位，也要从空间维度构建、以全球视野关注文化发展的战略布局。我们要对中华文化的精髓进行保护、传承和利用，努力打造一个既脱胎于所在地域又凝萃其精华、撷取其灵秀的文化高地与信息枢纽，一个既具备熔铸古今的风度与气量，又具备汇通中外的视野与风范，传统的厚重与现代的雅致互为表里的国际交往中心，助力首都迈向“世界顶级文化交流中心”和“中国文化体验中心”，在中华民族伟大复兴的道路上，让这张熠熠生辉的“金名片”为国际交往中心的大国形象增光添彩。

4. 多元、包容的文化

基于中国传统文化和国家思想意识范畴内的多元文化形式的兼容并蓄，北京文化具有包容性，这成为北京建设国际交流中心的重要基础之一。北京正在加快文化产业的发展，为多元文化交流搭建平台，进一步完善商务环境，在城市街区、道路、购物、娱乐、餐饮等场所使用国际通用的双语种标志，规划建设具有异域文化特色的功能性建筑，使城市文化设施更完善、更便捷、更舒适，提高常驻北京外籍人士对北京文化的吸引力和认同感，展示良好的国际形象。

---

① 刘洋：《把首都历史文化的“金名片”擦得更亮》，《前线》2017年第8期，第70~72页。

六　人力资源保障

随着京津冀一体化的推进，北京正沿着“政治中心、文化中心、国际交往中心和科技创新中心”四个核心功能发展，而其中人力资源是实施首都创新驱动战略、促进经济社会发展的重要资源。2018 年 4 月 24 日，京津冀三地人力社保部门和质监部门共同发布人力资源服务京津冀区域协同地方标准，该标准的落实将有助于提升人力资源服务业的规范化、精准化和便捷化水平，推动北京市人力资源服务业不断发展壮大，为首都经济社会发展提供坚实的人才保障和智力支持。当前人才市场服务体系呈现的多层次、多元化与国际化特性，为北京市建设国际性交流大都会提供了良好的人力资源基础。

近年来，北京市已初步形成公共服务与经营性服务并行、有形市场和无形市场结合、多层次多元化的人力资源市场服务体系。公共服务机构主要由公共就业服务机构和公共人才服务机构组成，还包括行业所属事业单位的职介和人才机构。非公人力资源服务机构近几年发展迅速，目前在北京市已经超越公共服务机构，成为绝对的市场主体。非公人力资源服务机构侧重于经营性的服务业务，以营利为目的，机构类型主要包括国企的职介和人才，民营的职介和人才，港澳独资和中外合资的职介和人才机构。经营性人力资源服务机构的发展和壮大是市场发挥决定作用的重要保障，也是人力资源服务业效能不断提升的重要保障。[①]

此外，北京总共拥有 92 所普通高校，其中“双一流”高校共 34 所，一流大学建设高校共 8 所；北京市每百万人拥有 4.23 个高校，是全中国百万人均拥有普通高校数最多的城市，充分说明了北京市一流大学和高校人力资源的密集程度。2019 年 11 月 7 日，北京市教委公布 2019 届北京高校毕业生就业数据，2019 年北京高校毕业生总体就

① 孙林：《北京市人力资源服务业发展现状与对策研究》，《北京劳动保障职业学院学报》2015 年第 4 期，第 16~23 页。

业率达95.9%。[1]

当前是打造北京国际性大都市的关键时期，这就要求北京市构建国际级人才供给体系，推进人力资源市场专业化、信息化、产业化和国际化发展。北京市需要大力发展人力资源服务业，加快产业化发展，高规格建设首都人力资源产业园区，营造良好的人力资源服务业发展环境，为北京市人力资源服务业立足北京、辐射全国、服务世界的发展目标提供持久动力。[2]

1. 引进国际人才，打造世界级人才智库

当前，世界范围内人才的流动趋势发生了一些改变，越来越多的国际人才向以中国为主导的新兴经济体流动。因此，无论是我国当前的改革发展还是北京市自身发展，比任何时候都需要加大力度引进国际人才。[3]

其一，进一步放宽外国在华留学生在京就业条件，放宽其在京就业限制。留学生作为国际人才的重要储备，对增强人才竞争力具有重要作用。建议在现行允许外籍硕士应届毕业生在华就业的基础上，进一步放宽条件，对有聘雇单位的高校外国毕业生，允许其在华合法就业；以中关村境外高校学生来华实习签证政策为样例，在全市各区逐步实施该政策，向全球优秀学生放开实习机会，吸引外国学生来华来京留学并留京发展，扩大北京市优秀国际人才储备。

其二，加快人才体制机制改革，为优秀留学人才回国来京发展提供保障。为吸引更多高层次留学人才回国并选择北京作为未来发展的城市，北京市需要加快人才体制机制改革，创造宽松适宜的人才发展环境；要建立更加公平合理的评价体系与激励机制，加强人才配套设施环

① 《北京：2019届高校毕业生就业率95.9%》，新华教育，2019年11月6日，http://education.news.cn/2019-11-06/c_1210342835.htm。

② 孙林：《北京市人力资源服务业发展现状与对策研究》，《北京劳动保障职业学院学报》2015年第4期，第16~23页。

③ 何芬兰：《吸引国际人才来华还需多方共进》，《国际商报》，2017年9月20日，第2版。

境的建设，确保高层次留学人才回国后的发展得到相关制度的保障。北京市需将自身打造成优秀归国留学生施展才华的国际性平台、我国优秀归国人员的“引力场”和高级人才的“蓄水池”。

其三，设立合理的奖励机制，吸引和鼓励全世界范围内优秀人才来京发展。为了吸引世界范围内高学历人才来京，北京市政府不仅可以给予政策上的支持，对于有一定研究成果和杰出贡献的人才更可以给予物质与荣誉上的奖励。例如，在合理范围内提供一定的住房购房补贴，解决优秀人才的相关住房问题；为有突出研究成果和获得国际性荣誉奖项的高级人才提供资金和物质层次的支持，若在北京市内居住并工作10年以上可以获得北京市荣誉市民等称号。

2. 发挥国家相关政策优势，提高人力资源开放水平

首先，利用京津冀一体化，推进三地人力资源协同发展。京津冀三地作为一个整体协同发展，三地人力资源层次不同、人才类型不同，各地市场也有些许的差异。因此，为了打造北京市国际人才供给体系，需要北京市人力资源市场改革创新发展，推动对内对外开放相互促进、“引进来”和“走出去”更好地结合，积极促进三地人力资源服务机构的交流合作。同时，需要打通京津冀三地之间的人力资源市场，签署京津冀人力资源服务业协同发展战略合作框架协议，积极拓展京津冀以及环渤海经济区人力资源协同发展新空间；三地之间应创造条件引导人力资源合理有序流动，以实现人力资源价值最大化。要显著增强辐射区域、服务全国的能力，促进国内国际交流合作、资源高效配置、市场深度融合，在更大区域发挥功能拓展、资源配置和辐射带动的作用。

其次，需提高人力资源市场对外开放水平，实施更加开放的市场准入制度。在制定负面清单的基础上，保障各类市场主体依法平等进入清单之外的领域。引进一批具有国际先进水平的人力资源跨国公司，鼓励支持在本市注册的人力资源服务机构走向世界，在国（境）外设立分支机构。支持开展国际人才交流与合作，鼓励承接国际服务外包业务，发

展服务贸易，发展外向型服务，促进人力资源服务发展方式的转变。[①]

3. 加快专业人才培养，推进人力资源行业规模化、集约化

一方面，北京市要引导人力资源行业与相关产业对接，重点打造人力资源服务与产业人才需求联动的服务产业链。要拓宽服务领域，提升为重点行业发展和重点功能区建设提供人力资源服务的能力。依托已形成的产业发展优势，提高产业集聚发展效益。市政府需推进建设相关人力资源服务产业园区，尽快建成全市人力资源市场公共服务枢纽型基地和人力资源服务产业创新发展平台。鼓励有条件的地区加快建设人力资源服务产业集聚区，增强产业关联性，促进产业融合，形成布局合理、投资主体多元、有利于企业良性竞争的人力资源市场产业发展格局。

另一方面，不断提高从业人员的专业水平、服务能力及综合素质，加强从业人员资格培训和高级管理人员研修培训，组织人力资源服务机构高级管理人员赴国（境）外培训或聘请国外专家来京开展相关培训。开展人力资源服务业优秀调研成果和理论研究成果评比工作。加快建设人力资源市场信息系统和公共服务网络平台，实现全市人力资源市场公共服务体系业务处理信息化、管理手段现代化、服务方式智能化的全过程管理。充分利用和整合服务资源，加强人力资源市场公共服务场所设施建设，形成规模适度、布局合理、功能明确、服务便捷、统一规范的服务网络。完善城乡发展一体化体制机制，加大公共资源向农村、经济欠发达地区倾斜的力度，逐步实现人力资源市场基本公共服务的公平性、可及性和均等化。

七　体育休闲功能

随着城市化进程的加快，城市的体育与休闲功能得以迅速发展。认识城市体育与休闲功能在引领城市发展中所起的重要作用，特别是认识

---

① 孙林：《北京市人力资源服务业发展现状与对策研究》，《北京劳动保障职业学院学报》2015 年第 4 期，第 16～23 页。

城市体育与城市休闲职能在培育、营造与促成、丰富城市休闲生活中所具有的独特功能与所起到的作用，是搞好城市管理、城市运营、城市建设，推动城市发展，打造城市特色，促进城市生活多样化和丰富性的过程中值得认真考量的问题。[①] 伴随着中国经济发展进入新常态，人民生活水平不断提高，人们越来越重视追求健康的生活方式。2014 年，国务院印发了《关于加快发展体育产业 促进体育消费的若干意见》，首次将全民健身上升为国家战略层面。2015 年，中国共产党十八届五中全会审议通过了《中共中央关于制定国民经济和社会发展第十三个五年规划的建议》，首次提出健康中国战略，特别提出要“发展体育事业，推广全民健身，增强人民体质”。在此时代背景下，大力发展体育休闲产业势必能够在保证全民身体素质的同时满足人民对于健康的追求，也能够带动经济增长，成为经济发展新的增长点。[②]

关于北京市体育功能发展，我们有以下几点建议。

1. 抓住冬奥会契机，打造冰雪运动国际城市名片

冬奥会是世界各国共同参与的一项规模巨大的冬季综合性运动会。北京市联合张家口市积极申报和组织冬奥会，既是为了借此机会增进中西方的交流，塑造良好的国家与城市形象，也是为了营造良好的运动氛围，积极推动全民健身事业的进步，并推动区域经济的发展。因此，北京市需大力开展群众性冰雪运动，加快发展冰雪体育产业。

北京市需发展校园冰雪运动，深入开展青少年相关冬季活动，可以举办大中小学冬季运动会，开展冰雪运动冬令营活动，举办全市冰雪系列赛事等；推动中小学校将冰雪运动知识纳入学校体育课教学内容，制订并实施冰雪运动教学计划，鼓励社会力量创办冰雪运动相关机构。同时，制订冰雪运动后备人才培养计划，推动学校、企业、社会组织从事

① 黄健、王东莉：《城市文化与城市休闲功能的定位》，《湖北理工学院学报》（人文社会科学版）2018 年第 1 期，第 22~27 页。

② 马洪涛：《北京市体育健身休闲产业政策分析》，硕士学位论文，中国地质大学，2018。

冰雪运动后备人才培养工作，输送高水平冰雪运动后备人才。整合本市冰雪运动科技资源，推动北京市冰雪运动接近并达到国际化水平。

2. 协同京津冀地区，共同推进体育产业发展

京津地区拥有雄厚的体育产业资金、丰富的赛事资源和人才资源、强劲的消费潜力，而河北则拥有发展休闲体育的自然资源。按照突出重点、错位发展的思路，就体育产业协同发展而言，三地的总体定位应是北京“做高”、天津“做强”、河北“做大”。北京要“做高”体育服务业并实现集群发展，如龙潭湖国家体育产业示范基地和北京奥园国家体育产业示范基地以发展体育服务业为主。天津“做强”体育产业研发工作并实现集群发展，如天津团泊国家体育产业示范基地涵盖的体育产业门类包括竞赛表演、场馆服务及体育科技研发等。河北“做大”运动休闲产业并实现集群发展，如崇礼国家体育产业示范基地借助崇礼自然资源优势发展冰雪运动产业。京津冀体育产业应错位发展、集群发展，充分发挥京津冀自然资源优势，重视生态化开发，实现区域体育产业资源的共享和优势互补，进而产生京津冀体育产业发展的协同效应。

3. 充分利用现有资源，推进全民健身运动

全民健身能够释放居民消费潜力，对于更好地满足居民消费需求、提高群众生活生命质量、推动经济提质增效具有重要的意义。市政府需均衡配置城乡健身休闲基础设施，抓住“新型城镇化”发展机遇，形成供给充足、服务便捷的健身休闲基础设施网络，重点建设一批便民利民的健身休闲场地设施，打造城市社区“10 分钟体育健身圈”。利用存量资源，开发增量资源，重点围绕城市公园、公园绿地、郊野公园建设健身场地设施。支持冰雪运动场地、健身步道、登山步道的建设。①

城市居民的休闲需求孕育了城市的休闲功能，满足居民的休闲需求也成为城市的基本功能之一。城市休闲化发展是城市发展水平提高的重

① 马洪涛：《北京市体育健身休闲产业政策分析》，硕士学位论文，中国地质大学，2018。

要内容，是居民生活质量提升的必要组成部分，也是衡量城市居民生活幸福感及城市宜居度的一个重要指标。[①] 因此，北京市可从以下几方面着手开展工作。

其一，推进休闲旅游产业发展。截至 2018 年末，北京市常住人口为 2154.2 万人，其中，常住外来人口约为 794.3 万人，占常住人口的比重为 36.9%。[②] 2018 年，北京实现总消费额 2.54 万亿元，增长 7.4%，[③] 其中服务性消费额 13658.2 亿元，增长 11.8%，占市场总消费的比重为 53.8%。[④] 同时，每年都有来自全国各地乃至世界各国的大量游客涌入北京，2018 年实现旅游总收入 5921 亿元，同比增长 8.3%，旅游总人数 3.1 亿人次，同比增长 4.5%，旅游购物和餐饮消费额占社会消费品零售总额的 24.2%。[⑤] 由此可见，北京市拥有大量的消费人群和强劲的消费潜力，依托周边的自然资源、农业资源、人文景观，可以进一步满足居民的旅游消费需求。

其二，优化休闲产业创业环境。近年来，随着“互联网+”的不断发展，休闲旅游产业迎来了新的发展模式。许多高学历人才发挥自身特长，利用互联网技术，结合线下实体经济，通过休闲农业、休闲短程旅行等实现自主创业；这样不仅满足了广大消费者的需求，而且缓解了当前毕业大学生就业难等社会问题。因此，北京市应积极鼓励具备相关专业知识和有相关发展意向的人员与基础扎实、具有一定发展潜力的经营主体合作，不断提升休闲产业的经营水平，优化创业环境。

---

① 宋瑞：《休闲绿皮书：2018~2019 年中国休闲发展报告》，社会科学文献出版社，2019。

② 《北京 2018 年常住人口下降 0.8% 为 2154.2 万人，连续第二年负增长》，百家号界面新闻，2019 年 1 月 23 日，https://baijiahao.baidu.com/s?id=1623428518559431392&wfr=spider&for=pc。

③ 《2018 年北京实现总消费额 2.54 万亿元》，中华网，2019 年 2 月 9 日，https://news.china.com/zw/news/13000776/20190209/35179090.html。

④ 《2018 年北京市市场总消费额同比增长 7.4%》，同花顺财经，2019 年 2 月 18 日，http://news.10jqka.com.cn/20190218/c609740532.shtml。

⑤ 《2018 年北京市旅游总收入达 5921 亿元，同比增长 8.3%》，中国发展网，2019 年 9 月 18 日，http://cyfz.chinadevelopment.com.cn/cjyw/2019/09/1564809.shtml。

其三，充分利用文化资源，突出休闲特色。充分发挥北京市内各区不同资源的优势，因地制宜地发展休闲产业，同时充分利用文化资源优势，进行创意设计，突出特色。一是根据自身资源优势划分片区，打造片区主题；二是将以农业为基础的第一产业结合文化、教育等转化为第三产业；三是因地制宜，可持续开发利用资源，同时，以丰富的文化资源为基础，促进文化内涵的挖掘、文化品牌的打造及本地创意产业的发展。①

八　国内多元协同

北京国际交往中心建设的推进，离不开京津冀一体化、“一带一路”“走出去”等的协同发展。京津冀协同发展是近年来专家、民众关注的热点问题之一。京津冀涵盖北京、天津两大直辖市和河北省 11 个地级市，人口超过 1 亿人，GDP 占全国的 10%以上。2014 年 3 月 5 日，李克强总理在做政府工作报告时指出，要加强环渤海及京津冀地区经济协作。习近平总书记也曾强调，实现京津冀协同发展是一个重大的国家战略，要坚持优势互补、互利共赢、扎实推进，加快走出一条科学持续的协同发展路子。这意味着京津冀一体化发展将驶入快车道，环渤海及京津冀地区经济协作被写入政府工作报告有助于地方政府消除顾虑、加强协作。北京新机场将成为京津冀协同发展的突破口，以新机场为核心的临空经济区，不仅可以推动三地的经济发展，还可以成为改革开放的先行区，在京津冀协同发展的体制机制上进行更多尝试。②

1. 深入推进京津冀协同发展

2017 年 9 月，中共中央、国务院关于对《北京城市总体规划（2016 年—2035 年）》的批复提出，深入推进京津冀协同发展。发挥

---

① 赵雪阳、胡宝贵：《北京休闲农业发展策略展望——以昌平区为例》，《农业展望》2018 年第 6 期，第 63~67 页。

② 《中国提速京津冀一体化发展》，人民网，2014 年 3 月 6 日，http://finance.people.com.cn/n/2014/0306/c70846-24549564.html。

北京的辐射带动作用，打造以首都为核心的世界级城市群。全方位对接支持雄安新区规划建设，建立便捷高效的交通联系。支持中关村科技创新资源有序转移、共享聚集，推动部分优质公共服务资源合作。与河北共同筹办好2022年北京冬奥会和冬残奥会，促进区域整体发展水平提升。聚焦重点领域，优化区域交通体系，推进交通互联互通，疏解过境交通；建设好北京新机场，打造区域世界级机场群；深化联防联控机制，加大区域环境治理力度；加强产业协作和转移，构建区域协同创新共同体。加强与天津、河北交界地区统一规划、统一政策、统一管控，严控人口规模和城镇开发强度，防止城镇贴边连片发展。①

随着雄安新区和北京城市副中心规划建设工作有序推进，北京非首都功能疏解工作积极稳妥开展，北京、天津、河北三地之间的交通网络越来越密，京津冀三地“你中有我、我中有你”的格局正在形成。2019年伊始，《河北雄安新区总体规划（2018—2035年）》《北京城市副中心控制性详细规划（街区层面）（2016年—2035年）》获中央批复的消息公布。2019年1月，中共中央总书记、国家主席习近平在京津冀考察，主持召开京津冀协同发展座谈会。在这次座谈会中，习近平总书记强调，要从全局的高度和更长远的考虑来科学谋划京津冀协同发展，明确当前和今后一个时期的工作部署，为京津冀协同发展取得新的更大进展指明了方向。一个新崛起的世界级城市群可期可观。这个世界级城市群不仅事关三地群众幸福感的提升，也将为中国创新驱动经济增长提供新引擎，成为中国经济发展的强力支撑带。②

2. 助推“一带一路”“走出去”

“一带一路”建设6年多来成绩显著，中国贸易投资自由化便利化

① 《中共中央　国务院关于对〈北京城市总体规划（2016年—2035年）〉的批复》，中华人民共和国中央人民政府网站，2017年9月27日，http://www.gov.cn/zhengce/2017-09/27/content_5227992.htm。

② 《京津冀一体化，让生活更美好》，新华网，2019年1月20日，http://www.xinhuanet.com/comments/2019-01/20/c_1124014193.htm。

水平大幅提升，中国开放空间从沿海、沿江向内陆、沿边延伸，形成陆海内外联动、东西双向互济的开放新格局。2013~2018 年，中国与“一带一路”沿线国家货物贸易总额超过 6 万亿美元，年均增长 4%，高于同期中国对外贸易增速，占中国货物贸易总额的比重达到 27.4%。2013~2018 年，中国企业对沿线国家直接投资超过 900 亿美元，年均增长 5.2%，中国对外投资成为拉动全球对外直接投资增长的重要引擎。[①]

2018 年 8 月，习近平总书记在出席推进“一带一路”建设工作 5 周年座谈会上表示，当今世界正处于大发展、大变革、大调整时期，我国要具备战略眼光，树立全球视野，既要有风险忧患意识，又要有历史机遇意识。当今世界正处于百年未有之大变局中，中国正处于一个大有可为的历史机遇期，“一带一路”倡议与北京国际交往中心建设可谓相互促进、协同发展。

在“一带一路”倡议的推行过程中，城市是践行互联互通思想最直接的行为体，城市的互联互通或将引领国家间的互联互通，“一带一路”背景下的北京国际化进程意义巨大。“一带一路”倡议实施的两大主体是城市和企业。北京作为全球竞争力排名靠前的城市和环渤海城市群、经济圈的核心，其国际化进程在实施“一带一路”中发挥着极大的示范效应。[②]

国家提出“一带一路”倡议以来，北京相继制定了《北京市参与建设丝绸之路经济带和 21 世纪海上丝绸之路实施方案》《北京市对接共建“一带一路”教育行动实施方案》等，着力构建服务国家“一带一路”建设的对外交往平台、人文交流平台、科技支撑平台和服务支持平台。特别是“一带一路”国际合作高峰论坛、APEC 峰会等重大主场国际活动在京成功举办，使北京充分展示了主场外交的首都城市特

① 《商务部：中企对“一带一路”沿线国家直接投资超过 900 亿美元》，百家号中国新闻网，2019 年 4 月 18 日，https://baijiahao.baidu.com/s?id=1631146778790152765&wfr=spider&for=pc。

② 王义桅、刘雪君：《“一带一路”与北京国际交往中心建设》，《前线》2019 年第 2 期，第 39~42 页。

色，凸显了“一带一路”智力决策总部的中心地位。[①]

发挥北京作为国际交流中心的核心引领作用，应从国际、国内、京津冀地区和北京市多个层面，打造“一带一路”沿线网络城市的国际交往核心节点，为“一带一路”沿线国家国际交流和外事外交活动提供良好服务。具体可以采取以下措施。第一，建立北京国际交往中心与“一带一路”倡议协同发展机制。这需要举办高规格国际会议，吸引更多国际组织入驻北京，推进北京同“一带一路”沿线城市友好交流，加强教育文化合作，积极建立北京同“一带一路”沿线首都城市的常设对话机制，进一步明确北京国际交往中心建设在“一带一路”倡议中的定位与使命。第二，优化国际交往中心空间布局，全方位提升国际交往中心软硬件水平。强化北京国际航空枢纽功能，结合北京新机场建设形成通达全球的航空网络，推进北京与“一带一路”沿线城市民航合作，加快建设国际化航空大都市。持续优化为国际交往服务的软件环境，积极围绕“一带一路”沿线国家经济、法律、贸易等各方面主题，举办国际大型会议，提升北京的国际影响力。第三，吸引“一带一路”沿线国际金融机构入驻北京，发挥国际交往中心建设的经济辐射带动作用。依托北京金融机构聚集的优势，推动以北京为中心的沿线各国金融领域互联互通网络建设，通过提供有效的全球金融治理方案，促进构建开放型经济新体制。鼓励“一带一路”沿线国家在北京成立或联合成立基础设施建设基金，以联合体的方式开展银团贷款、授信担保等业务。第四，发挥北京的科技优势，使之与“一带一路”沿线国家需求相结合，加强与“一带一路”沿线国家技术转移合作。积极推动中科院等科研单位在“一带一路”沿线国家布局科技园区、分支机构，围绕重大国际科技合作项目，开展与“一带一路”沿线国家联合攻关和科研设施共享。第五，增加北京同“一带一路”沿线城市文化教育交

① 刘波：《国际交往中心与“一带一路”倡议协同发展的战略措施》，《前线》2018年第3期，第79~81页。

流，把文化“走出去”战略与“一带一路”倡议进行对接，通过“引进来”优秀合作项目更好地推动北京文化“走出去”，[①] 传递中国声音，讲好中国故事。

第三节 实施路径之具体操作

一 多层次、重信任的政治对话协商推动建设政治交往功能

1. 充分发挥首脑外交引领和带动作用

推动“一带一路”国际合作高峰论坛形成广泛国际影响力。在成功举办第二届“一带一路”国际合作高峰论坛的基础上，发挥北京首都的独特作用，继续办好“一带一路”国际合作高峰论坛，设立“一带一路”国际合作高峰论坛组织机构，积极推动“一带一路”国际合作会议机制长期化和国际化，传播新时代和平、发展、合作、共赢的发展理念，服务于我国整体外交框架，促进经济全球化和世界和平繁荣，助推我国形成全方位、多层次、宽领域的对外开放格局，创造有利于我国改革开放的国际政治经济环境。

积极承办国际性有影响力的首脑外交活动。积极承办 G20 首脑峰会、金砖国家会议、APEC 领导人非正式会议等国际性重要首脑外交活动，推出中国对全球治理和世界秩序的智慧方案，扩大北京在世界范围的影响力。积极组织如中非合作论坛等类型的中国与相关区域的领导人峰会，传播中国声音和智慧，推动世界持久和平和共同繁荣。各国首脑在这一系列的外交活动中起到举足轻重的作用。一个国家的元首在很大程度上对于塑造国家形象起到积极作用，因为首脑外交代表一个国家最高外交水平，为整个国家的战略利益服务，同时可以促进政治、经济、

① 刘波：《国际交往中心与“一带一路”倡议协同发展的战略措施》，《前线》2018 年第 3 期，第 79~81 页。

文化和安全的交流。近年来，越来越多的国家领导人受到习近平总书记的邀请到北京进行国事访问。北京作为接待城市，应该利用好每一次接待外宾的机会，向受邀国元首展示北京良好的城市形象。

打造全球治理智慧中心。充分利用中国在全球治理中的关键思想引领者和行动示范者作用，使北京成为全球治理的话语中心，定期组织全球首脑、企业精英等共商国际问题。一个城市国际组织的数量在一定程度上代表着城市在国际上的影响力。充分认清北京与纽约、伦敦、巴黎、东京等世界城市的差距，在北京市落户的联合国机构和国际组织总部仍然偏少，而且其国际影响力仍然不够大。北京应充分利用自身优势，采取统一部署、分口负责的办法，吸引更多的国际组织落户。目前，北京在吸引国际组织落户方面还欠缺开阔的国际视野，作为一个具有丰富文化底蕴的城市，应该大力宣传城市文化，将其打造成为一个有特色的国际大都市。同时，吸引国际组织落户还要做好相应的配套工作，包括提高国际组织与城市的融合度以及政府提供政策支持，比如针对国际组织的税收减免、降低市场准入门槛等措施。政府要给予国际组织工作人员优惠的待遇，国际组织工作人员享受相应的外交特权与豁免等，这样才能吸引国际组织长期“驻扎”，以早日实现北京作为“国际活动聚集之都”“世界重要组织和高端企业总部聚集之都”“世界高端人才聚集之都”的城市定位。

2. 优先推动首都层次联盟交往

积极组织创设“一带一路”首都联盟。北京作为全国政治中心，担负着政治对外交往的职责。北京可以通过与其他国家的首都比如莫斯科、巴黎、柏林等城市联合创设“一带一路”首都联盟，充分发挥大国首都的政治优势和国际影响力。通过调动公共资源来推进对外交流和外事活动，凭借国家提供支持的优势提高服务中央整体外交的能力，完善涉外法律法规，建立有序的涉外管理体系，营造良好的涉外环境。通过自身优势吸引首都联盟组织落户北京，设立首都联盟在京办事处，并且定期举行领导人会晤，加强政治对话交流，推动国家以及首脑外交层次下的首都外交。首都联盟作为各国政治中心的联盟，代表各国的利益，积极推动首都联盟会议对于加强各国政治互信具有重大意义。

加强与全球性城市国际组织对接交流。北京作为中国的首都，同时具有政治、经济和文化的对外交往功能，应该充分利用自身优势进行城市双边或者多边外交。加强与全球性城市国际组织合作，利用世界范围内最大的全球性城市国际组织 UCLG（世界城市和地方政府联合组织）的广泛影响力，建立国家城市外交多边平台，在国际舞台上开展城市层面的对外交往，构建合作伙伴关系，进一步拓宽中国城市国际交往网络。争取全球性城市国际组织在北京举办更多的交流活动和开展深度合作，密切首都与各大城市间的组织联系，进一步提升北京市国际交往的功能。

积极开展多领域城市外交活动。积极开展多领域全方位的城市外交活动，发挥民众在城市外交中的主体作用，使人民成为城市外交有力的支撑，发挥传统与非传统外交相结合的优势，结合主体多元、方式灵活的特点，实现国家利益与地方社会公共利益有机结合，实现城市交往的深度发展。优先布局“一带一路”沿线国家的城市交往活动，促进城市间全方位、多层次的深度交流合作，积极推动构建“一带一路”城市网络，促进贸易畅通和资金融通，推进“一带一路”城市间文化交流，促进民心相通，推动北京成为“一带一路”建设的经济节点和中心，在“一带一路”建设框架下与沿线城市开展交流合作。

3. 扩大与地方政府友好交往

积极发展友好城市交往。城市外交中的双边形式可以更直接地把两个城市连接起来，双边城市外交指的是不同国家的城市缔结正式的协议，建立友好城市关系，开展经济文化等领域的合作。国际友好城市是双边城市外交在当代最基本的形式，缔结友好城市是城市之间实现双向国际交流的重要渠道。民众的广泛参与将有效地促进不同国家城市深入交流，是增进彼此了解、增进人民感情、促进城市共同发展进步的重要纽带。北京要加强与地方政府的联系，与更多国家城市缔结友好城市伙伴关系。1979 年至今，北京已经相继与其他国家的 50 多个城市缔结了友好城市关系。这些城市在欧洲、亚洲、北美洲分布较多，在非洲等地区分布较少。2018 年在北京举办的中非合作论坛，旨在共同打造更加紧密的中非命运共同体，北京可以与更多的非洲国家建立友好城市伙伴关系，增进北京与非洲城市的了解，增进中非人民感情。北京应选择若干目标城市作为工作重点，成立专项工作小组，推动建立友城资料数据库平台，增强友城为首都建设服务的意识，开展国际交流活动。

积极推动构建“一带一路”城市网络。目前，北京已经与 21 个“一带一路”沿线国家首都建立了友好城市关系，这有助于加深北京对“一带一路”沿线国家的了解，增进双方人民感情。要积极推动构建“一带一路”城市网络，以北京为中心，向“一带一路”沿线国家扩散，将各个城市作为节点，组成一个完整的城市网络。推动构建“一带一路”城市网络资料库和大数据平台，方便城市之间文化交流和贸易往来。完善“一带一路”地区城市之间的交通网，增设航线，修建国际铁路，实现城市和国家之间高效互联互通。

积极提高民众参与度。缔结友好城市对于打造北京国际交往中心具有重要的意义。缔结友好城市意味着双方城市能够开展更频繁的、更深入的、全领域的交流合作，有助于明确北京作为国际交往中心的战略定位。目前，在对友好城市的交往方面，政府是主导力量，民众的参与程度并不是很高。所以政府要积极开展全领域、多层次的交流活动，提高市民的积极性和参与程度。要积极体现“外交为民”的思想理念，北京要把市民作为对外交往的主体之一，鼓励民众积极参与，开展多元化的外事交流活动，在政治活动的基础上形成北京独特的外交风格。

4. 创新政党外交合作交流

创新政党交往功能。以北京为联络交流枢纽，创建世界政党交流合作中心，建立新型政党关系，发展新时代政党外交。习近平总书记指出，“政党在国家政治生活中发挥着重要作用，也是推动人类文明进步的重要力量”。政党的作用主要体现在国内政治活动中，随着国际交往日益密切，政党的国际角色重要性也越来越突出。2017 年 11 月 30 日至 12 月 3 日，来自世界 120 多个国家近 300 个政党和政治组织的领导人共 600 多名中外代表出席中国共产党与世界政党高层对话会，各方一致通过《北京倡议》。在独立自主、完全平等、互相尊重、互不干涉内部事务的基础上，中国共产党同各国各地区政党和政治组织开展交流合作，立足于探索建立新型国际关系，在此基础上建立求同存异、相互尊重、互学互鉴的新型政党关系，促进各政党增加互信、加强沟通，创新多边政党外交的新形式。积极构建新型政党关系，为当代中国政党外交开辟更加广阔的前景。

积极开展全球政党对话。习近平总书记向各国政党倡议，将中国共产党与世界政党高层对话会机制化，使之成为具有广泛代表性和国际影响力的高端政治对话平台。北京作为全国政治中心，要凭借自身城市属性积极承办政党对话会。各国各党应分享治国经验和理念，开展文明交流对话，增进彼此战略信任。北京要积极推动中国共产党构建与自身相称的国际话语权，向世界传达中国和平发展的外交理念，消除国际社会对中国共产党的误解，为实现共同推动构建人类命运共同体，在参与全球治理方面贡献中国智慧的战略目标助力。

5. 推动建设三方协调交往角色

充分发挥中国大国影响力，提升第三方协调交往功能。主场外交是指一个国家在其境内开展的外交活动。主场意味着东道主可以充分利用主场的天时地利人和，通过议程设置等组织安排，主动掌握在国际舆论场的话语权。2018 年我国一共举办了四场主场外交，其中在北京举办的是中非合作论坛北京峰会。2019 年上半年，第二届“一带一路”国际合作高峰论坛、2019 年中国北京世界园艺博览会、亚洲文明对话大会三个主场外交活动相继在北京举行。通过成功举办主场外交活动，北京积极维护和传播了北京城市形象，提升了主场外交东道主在国际上的影响力。2018 年，中非合作论坛北京峰会围绕“合作共赢，携手构建更加紧密的中非命运共同体”这一主题开展合作对话。这次会议为中国和非洲国家提供了跨区域对话的合作平台，树立了南南合作新的时代丰碑，为广大发展中国家提供了交流互鉴的机会。要充分发挥中国作为大国的影响力，提升第三方协调交往功能，推动建立国际争端调解机制，制定相应的国际法律法规。例如，在区域对话的基础上积极为国际争端和问题提供中国思路、中国方案。

积极举办区域问题研究论坛，推动中国成为国际问题治理方案的贡献者。2019 年 5 月，亚洲文明对话大会在北京隆重举行，本次会议聚焦亚洲文明交流互鉴与命运共同体主题，搭建文明互学互鉴、共同发展的平台。促进亚洲互相协作，凝聚亚洲发展共识。在此基础上，要积极推动北京举办区域问题研究论坛，为国际问题提供中国方案。例如，在北京设立全球区域问题研讨机构，针对某个区域热点问题定期开展学术研讨会，提供治理解决方案。

积极组织跨区域对话大会。北京作为多场主场外交活动的举办方，针对热点问题和热点区域，通过安排议程设置，提供会议服务与场地，可以充分展示首都的高水平服务，主动掌握在国际上的舆论话语权。主场外交可以为多个与会国搭建合作交流的平台，积极组织国家之间跨区域对话，促进多边主义的发展。推动建设北京国际交往中心，要积极在北京组织跨区域对话大会。例如，北京市要利用作为政治中心交往层次高这一优势，利用市内现有的高端会议场所，提供一流的会议服务等，积极开展主场外交活动，促进南南合作、南北对话，为各个国家提供交流合作的机会。北京应积极推动成立新的国际组织，秉持构建人类命运共同体的发展思想，旨在促进多边主义的发展，组织跨区域对话大会，推动文化交流互鉴，共同发展。

二　系统化、链条式的经济共赢合作推动建设经济交往功能

1. 加强与国际经济组织协调对话和合作交流

积极与国际经济组织协调对话，建立机制化、定期化的交流模式。根据不同的国际组织，建立不同的交往机制。建立多途径、有针对性的交往方式。除了要做到高频次外，国际经济组织协调对话还要抓住落实具体内容这一关键，做到交流有实质、有内容、不空泛，达到经济交流拉动国际交往、国际交往带动经济实质发展的目的。

积极与不同类型国际组织深化合作。按照组织功能，可划分出许多专业性国际经济组织，如贸易类经济组织（ICC）、金融类经济组织（BIS、ADB）、初级产品输出国组织（OPEC）、国际商品组织（国际小麦理事会，国际谷物理事会 IGC，国际糖业组织 ISO，国际锡理事会 ITC，国际咖啡组织 ICO，国际橄榄油理事会 IOOC，国际可可组织 ICCO 等），这类组织具有较强的专业性，与之对话需要针对某一领域展开。因此，要充分调动我国国内相关领域的组织或龙头企业的积极性，使之与相应的国际组织建立对话机制，以“引进来、走出去”为交流方式围，绕专业领域展开对话。以粮食领域为例，中国粮食行业协会可作为中国粮食领域的组织代表，中化、中粮、北大荒等集团作为企业代表，积极参加 IWC、IGC 等组织举办的如国际粮食贸易联盟（IGTC）战略大会等会议，协助发布全球粮食市场报告等。北京可以“返场”的形式，举办“粮”年会，针对“走出去”参会的过程中遇到的问题进一步沟通，签署协议，完成交流的闭环，以呼应的方式对话国际组织，拉动国际交往职能的构建和经济交流。

2. 构建国际首都经济社会发展联盟

积极构建国际首都经济社会发展联盟。国际首都经济社会发展联盟是由多个国家的首都组成的城市间的经济社会发展联盟。与政治意义明显的国家间对话和规模较小的民间对话机制不同，国际首都经济

社会发展联盟旨在建立一个介于国家和民间之间的对话机制，共同应对全球化带来的经济、社会和城市等问题，并把握全球化带来的机遇。联盟总部可以设在北京，成员以哈萨克斯坦努尔苏丹、越南胡志明、菲律宾马尼拉等“一带一路”沿线国家的首都和莫斯科、东京、首尔等邻国首都为主。联盟成立初期，为吸引成员加入，可在经济上针对联盟城市提出优惠的政策待遇，如开辟首都联盟特殊航线为旅游和贸易运输服务，开放部分城市大数据信息共享权限，建立农业、金融等领域的优先互助计划等。

分阶段有序建设国际首都经济社会发展联盟。国际首都经济社会发展联盟的建设分为萌芽、探索、形成、合作、共生等阶段。其中，萌芽和探索阶段为联盟发展初期，形成和合作阶段为联盟发展中期，共生阶段为联盟发展后期。实现从无到有、从弱到强、从独立到联动、从合作到共生。联盟发展初期必然会面临质疑、猜测和挑战，许多城市将持观望态度。因此建设初期需要注意加强工作的计划性和政策性。中期形成一定规模、品牌、口碑后，联盟的发展进入稳定阶段，联盟成员间将大力开展各项合作，在经济、金融、信息共享等方面的开放程度逐渐提高，城市之间形成联动效应，并根据各自首都城市的特征，实现地区化、集中化发展。在区域化发展之后，逐渐演变为整体的共生。

以联盟为基础，举办定期论坛和不定期会议。举办定期论坛，就旅游、文化教育、信息和通信技术、基础设施和物流、农业和食品等共同关心的议题进行探讨，编制中长期城市协作计划。除此之外，在面对重大金融风险、经济事件、社会事件和城市发展等问题或其他全球性问题时，举办不定期市长会议，在防范风险和共同应对全球议题时发挥联盟的引导作用。

3. 推动产业分工链条高端化和国际化发展

充分发挥跨国公司的带动作用，推动产业高端化和国际化发展。随着跨国公司的产业链在全球布局，世界各地总部经济蓬勃发展。纽约、新加坡、东京等城市已成为总部经济聚集的中心城市。中国凭借制度优势和广阔的市场融入全球生产布局，成为全球产业分工链条中重要的一员。随着经济改革的持续深入，中国在产业分工链条的位置逐渐上移，由初级加工逐渐走向高端，未来将延续这一趋势并坚持产业分工链条的高端化和国际化发展。在借鉴纽约、新加坡、东京等总部经济聚集城市发展经验的同时，我国应明确合作竞争关系，打造特色优势。

科学规划总部基地分区，打造行业聚集区。总部经济的规划引领不仅是地理和空间上的企业集聚，更是产业关联强、规模效应和溢出效应明显的产业集群。[①] 结合首都发展四个中心战略，根据行业特点，分区建立多个行业聚集区，形成“总部产业群”，借力地区优势，形成高端、高新、高关联的区域经济，发挥总部经济群的产业乘数效应、消费带动效应、社会资本效应，提升区域品牌，形成良性循环。以“市场+政府引导”的产业筛选模式，充分利用现有资源，减少低端产业对本地区生态资源的破坏，提升地区经济水平，实现可持续发展。

优化营商环境，提高城市吸引力。股东权益最大化和利润最大化是企业的价值追求，也是企业在决策时考虑的最重要的因素。因此，良好的营商环境是企业入驻的决定性因素。良好的营商环境包括高效的行政服务、较高经济发展水平、配套的现代化城市设施、公开透明有效的管理制度、合理优惠的税收政策等。新加坡是建设良好营商环境的代表，其对知识产权的保护、高水平的行政服务管理、针对不同层次制定的激励政策等大大增加了总部企业对其的吸引力。

着力错位发展，坚持合作竞争。从国际角度看，纽约作为全球最具影响力的城市之一，是美国的贸易中心、轻工业制造中心、金融中心以

---

① 陈思萌、王维：《国内外发展总部经济的经验借鉴》，《群众》2019 年第 16 期，第 26~27 页。

及众多全球跨国公司总部所在地；巴黎是全球贸易、商业枢纽；东京是全球金融中心。从国内角度看，上海对标金融中心，广州对标新型国贸中心。北京要避免与其他国际中心竞争，同时也要注重内部资源分配，通过科学规划和错位发展配置资源，提升北京独特的文化特色、政治特色、市场特色，形成与其他国际中心不同的优势，发展建立在国际交往中心定位上的总部经济。

注重创新驱动，定位高端产业。人才是创新的核心，高层次国际人才和高技能专业人才是高端定位的保障。人才供给来源于两方面：第一是本土人才的培养，第二是国际人才的引进。利用尖端教育资源在当地培养大量高素质人才，吸引外来留学人才；通过开展高端文化娱乐活动、建立宜居城市留住国际人力资本；通过灵活的人才流动机制保证地区人力资本的活性；通过丰厚的落户待遇积累良好的人力资源基础；形成不断壮大的创新大军，为增强国际竞争力提供良好支撑。

4. 打造世界金融枢纽

拥有集中管理的便利优势。从国内角度看，央行在北京，便于全国金融市场统筹管理，作为全国的金融管理中心，北京拥有有集中管理的便利优势。为了打造世界金融枢纽，国际交往中心建设中应大力鼓励国际金融组织入驻，为沟通提供便利。提供最便捷的国际融资服务，建立最有效的国际支付清算系统，提供最活跃的国际金融交易场所，朝金融市场齐全、服务业高度密集、对周边地区甚至全球具有辐射影响力的方向努力。

打造世界金融互联网络。依托北京金融机构集聚的优势，通过提供有效的全球金融治理方案，打造以 IMF 等为代表的全球金融国际组织、“一带一路”沿线国家在北京成立或联合成立的基础设施建设基金、以北京为基地的周边国家金融政策联合体等多个维度的金融互联互通网络，推动联合体大量同业账户的开立，银行驻点的互设，便捷流通账户的建设，全面集中开展国际资本借贷、债券发行、外汇交易、保险等业务。支持北京企业在“一带一路”沿线国家地区的证券交易所上市，增加资金流通动机。支持在京的能源、水务、环保等企业在“一带一路”重要金融市场发行绿色债券，助力“一带一路”沿线国家应对能源安全和气候变化的挑战。[①]

建立快速融资渠道。从服务国际交往中心职能入手，建立快速国际融资渠道。随着人民币国际化的推进，世界对人民币的使用比例不断提高，对人民币供给和快速结算的要求提高。我们要利用互联网、电子商务等优势，建立人民币供给和快速结算中心，成立人民币清算同盟，实现跨国资金快速配置管理等。

5. 推进全球贸易中心形成

依托北京大兴国际机场的国际航空集散优势，可以在大兴区附近建立贸易合作园区。园区由政府投资开发，为入驻的公司提供税务代理、行政事务代理服务，然后收取一些服务费用，通过给予保税等优惠政策，吸引贸易伙伴的进入。孵化国际企业、引入外部战略投资者。随后进行人才引入，为入驻企业提供人才招聘、人才派遣等软服务，为企业提供更佳的生存发展环境。在园区成熟后，调整园区的产业链。打造贸易合作服务园区，在经过最初政策吸引阶段后，围绕三大方面建设服务体系：一是市场服务，二是园区服务，三是政务服务。服务是运营的核心内容，园区的运营者应从政府、产业、企业、企业员工等多个方面发掘需求，运用5G、互联网、VR等现代科技手段提高服务水平，实现服务模式的创新。

6. 推动建设全球数字经济发展高地

数字技术变革引发了国际经济格局的调整，产生了巨大的经济效益和社会效益。越来越多的国家开始重视数字经济的驱动作用。美国1998年发布《浮现中的数字经济》，强调释放数据价值、促进数字技术

① 刘波：《国际交往中心与“一带一路”沿线倡议协同发展的战略措施》，《前线》2018年第3期，第79~81页。

与经济社会深度融合；欧盟通过数字化战略举措、数据处理和保护的法律框架，为欧洲数据经济可持续发展提供先决条件。[①] 中国应顺应数字发展趋势，依托中关村企业，建立世界大数据中心和世界数据流动枢纽，建立健全个人数据保护法律和非个人数据自由流动法律，实现框架下的非个人数据自由流动，放开区域内数据访问、B2B 和 B2G 数据共享权限，提高数据再利用效率，降低重复挖掘原始数据的成本。建立以物联网、人工智能为通道的数据应用系统，做到数据的可操作、可落实。基于数据发掘和再利用，定期举办世界互联网大会、世界数据大会。依托阿里巴巴等优秀互联网企业，打造一流跨境电商云服务平台，建立完整数据生态系统，打造国际数据云交往中心。

7. 加快发展全球咨询服务业务

利用城市拥有完善的信息基础设施、高端的人力资源、丰富的科研机构、健全的金融服务体系、完备的咨询中介等优势，建立完备的国内、国外咨询服务平台，为来华企业提供完善的咨询服务。每年召开咨询会议，围绕在华跨国公司经济状况、经营状况出具指导报告，并通过媒体公布。会议还可以邀请对中国市场感兴趣的优秀跨国企业前来参加，为这些企业提供定制咨询服务，提出有前瞻性、针对性和有价值的建议，使之成为国内营商环境的一手资讯平台，打造首都资讯窗口，提升国际吸引力。

三 全领域、嵌入式的人文交流互鉴推动建设文化交往功能

1. 以奥运会为契机推动体育领域合作交流

充分利用奥运会契机，扩大国际影响力。大型体育赛事因为具有规模比较大、参与人数较多、媒体关注的程度较高等优势，可以充分展示城市的文化特点，提升主办城市的文化竞争力。体育赛事举办前国内外

① 安小米、王丽丽、许济沧：《欧盟数据经济战略分析与启示》，《电子政务》2019 年第 12 期，第 44~45 页。

媒体密集关注和报道，可以使主办城市全方位地向世界展示城市的形象，从而增强国际影响力。2008 年北京奥运会的成功举办极大地提高了北京在国际上的知名度，例如北京奥运会大部分场馆建在北京中轴线以北的奥林匹克公园，对提升北京的知名度、改善城市环境、建设国际化城市起到了促进作用。北京应该以承办 2022 年冬奥会为契机，大力弘扬奥运精神，加强体育城市建设，塑造良好城市形象，推动建设国际交往中心。

抓住奥运带来的机遇，发展国际体育文化产业。我国现在正处于从体育大国向体育强国迈进的重要时期，北京应该以承办 2022 年冬奥会为契机，发展国内体育产业，促进北京国际体育中心城市建设。在冬奥会筹备期间，要完善冰雪项目场馆的基础设施及配套设施的建设，不仅为冬奥会成功举办做好准备工作，在冬奥会结束后也可以为市民提供优质的冰雪项目服务。北京还要以此为契机，改进冰雪运动的推广机制，全面推动冰雪运动发展和普及，真正做到发展冰雪体育依靠人民、服务人民、与人民共享。提高全民的参与度，加快推进体育强国建设。北京也要利用自身历史文化名城的优势，加强冬奥会与城市冰雪文化的融合，丰富城市冰雪文化内涵，从而营造出独具特色的城市冰雪文化环境。打造城市“冰雪名片”，促进国内外体育文化交流。

充分利用奥运会带来的有利环境，完善体育基础设施建设。首先，冬奥会准备工作有利于帮助完善城市结构规划，合理利用资源。在冬奥会筹备期间，要以高标准、严要求完成冰雪项目场馆的基础设施建设，同时完善公共交通体系，确保交通的畅通性和便捷性，提升市民生活服务质量。其次，“奥运遗产”商业化的利用能够使基础设施发挥更大的作用，解决“奥运遗产”规划问题，实现奥运经济的可持续发展。最后，还要充分考虑赛后场馆利用的问题，合理规划投入使用，将其打造成赛后全民共享的健身娱乐场所。北京申办 2022 年冬奥会，不仅是一个机遇，更是一个挑战。北京要以此为契机，大力弘扬奥运精神和体育文化，展现出良好的城市形象，为打造国际体育中心城市做好准备，同时推动建设国际交往中心。

2. 推动形成文学艺术交流中心

充分利用文学载体，发展北京文化艺术交往功能。推动北京建设成为国际交往中心，加强文学艺术领域的交流对于提升城市影响力具有重大意义。巴黎作为联合国教科文组织总部所在地，被誉为世界文化之都、浪漫之都。巴黎拥有独特的城市名片，在国际上拥有较强的城市竞争力。与巴黎一样，北京也是一座充满文化底蕴的城市，但是北京在国际上的影响力与巴黎相比还有一些差距。北京可以从以下几个方面着手：发展北京文化艺术交往功能，大力发掘和弘扬北京传统文化，如京剧、四合院和胡同文化等；大力宣传北京的现代城市文化，弘扬北京精神（爱国、创新、包容、厚德）；鼓励北京各大文学杂志社或报纸发行国际版，刊登高质量文学作品，扩大读者的规模，推动北京本土文学在国际上产生一定知名度；鼓励文创产业发展，开展多元化的文化交往活动。

充分发挥优势，创设“文学之都”。联合国教科文组织在 2004 年通过了成立“全球创意城市网络”的决议。“全球创意城市网络”指的是富有创造性的城市组成网络，旨在促进城市之间的国际合作。“文学之都”正是作为创意城市而存在于联合国教科文组织全球创意城市网络框架下的城市类型之一。“文学之都”的核心要素包括拥有国际知名度的文学家和作品，举办有全球影响力的文学节庆活动，拥有浓厚的城市文学氛围。北京是一座拥有 3000 多年历史的城市，文学资源丰富，文化底蕴深厚，诞生了一大批具有影响力的作家，而且北京具有浓厚的文学气息，有各类特色的书店、图书馆，诗歌朗诵会，各式各样的文化艺术展览等。所以，北京具备申报“文学之都”的优势和基础。

积极举办多形式、多种类文化艺术活动。以英国爱丁堡申都为例，爱丁堡成为全球首个联合国教科文组织全球创意城市网络“文学之都”。爱丁堡不但拥有众多文学资源，还有国际图书节、艺术节、电影节、音乐节等。北京可以在借鉴爱丁堡申都经验的基础上，吸引文学艺术领域的国际组织落户北京。例如，积极举办各类文学艺术大型学术会议，邀请世界知名作家或者是诺贝尔文学奖获奖者访问北京；举办国际图书节、国际文学节或者是设立自己的文学奖项，旨在促进中西方文化在北京碰撞、交流、融合。北京要继承和发扬包容开放的传统精神，汇聚世界不同文化，为建成国际交往中心奠定扎实的文化基础。北京申请加入“全球创意城市网络”，可以充分利用这个国际平台与其他城市分享经验，共同开展与文学领域相关的文学艺术活动，让文学成为城市的招牌与特色，从而提升城市的国际影响力，有助于实现北京国际交往中心建设目标。

3. 推动建设全球教育交流合作中心

积极推动建设全球教育交流合作中心。北京作为全国政治经济文化中心，拥有多所国内知名高校，教育资源丰富，教学水平一流，与国际接轨程度较高。但是与世界其他城市相比，北京拥有顶尖高校的数量较少，世界排名靠前的一流学府大多分布在欧美地区，如波士顿、伦敦、洛杉矶等。打造北京国际交往中心，要积极树立北京作为中国教育国际交流中心的形象，提升其在国际教育界的学术影响力；还要积极推动北京市内教育资源国际化，“引进来”和“走出去”齐头并进。

积极举办国际教育教学研讨会。第一，要在教育领域增加国际合作的机会。例如，在北京市内举办教育主题的国际研讨会，请各国高校的专家教授来分享教育教学经验。第二，积极举办不同学科领域、不同层次的大型学术研讨会。例如，邀请不同学科领域相关专家来北京进行学术交流，开展学术研究。第三，派出大批教师赴国外调研，学习教育理念，提升北京市内高校和研究院的教学质量。

积极推动北京成立相关国际教育组织。凭借资源优势，积极成立相关教育组织，如首都高校联盟。第一，积极推动构建北京高校学术资源共享平台。成立首都高校联盟，实现学术资源全网互通。第二，积极推动成立国际教育组织。与国内外教育组织合作，积极承办各类教育研讨会，交流分享教育资源，积极分享学术成果。第三，推动发展北京市内中外合作办学事业，增加合作办学机构数量，聘请外籍教师讲学。

积极推动北京高校与世界名校合作。第一，积极推动北京市内高校与其他世界名校合作，共同签订友好学校或伙伴学校协议，努力构建教育资源共享、学术资源共享的新平台。第二，积极开展学术交流研讨会等活动。例如，邀请世界名校教授来学校开展学术讲座。第三，政府提供专项经费，设立北京市留学基金委员会组织，资助学生出国交流访问或是吸引外国留学生来北京学习。第四，在学科设置方面，增设与国际交往相关的学科项目，为“一带一路”建设提供专业高端人才。

4. 推动形成国际知名的旅游目的地

积极打造世界一流的国际旅游目的地。国际旅游城市根据不同的城市功能可划分为多个类型：国际风景旅游城市、国际商务旅游城市、国际会议旅游城市、国际宗教旅游城市等。北京作为全国政治经济文化中心，拥有丰富的旅游资源和众多保存完好的历史文化古迹，如故宫、长城、颐和园等，对外开放的旅游景点达 200 多个。北京的旅游业已经形成产业规模，具备多元化、多层次的综合配套接待能力，建成比较完善的旅游生产力体系。而且北京市整体城市规划良好，交通发达，环境优美，基础设施健全，完全有优势和潜力发展成为国际旅游目的地。打造国际旅游目的地，北京市需要做好历史古迹的保护和修缮工作；完善相应配套基础设施；提供世界一流的服务，提升国际旅游竞争力。北京还要加大文物古迹保护力度，充分认识文物古迹的城市象征意义、文化载体交流平台意义，使之成为吸引国际游客的亮点。

积极加快提升软硬基础设施服务水平。北京市政府要扩大基础设施投资，完善旅游景点相应配套设施。在交通方面，开设旅游专线，增加直达地铁线路等；在旅游景点基础设施方面，增扩停车场车位，增加洗手间数量，增加景区内多语种指示牌，提供多语言讲解服务等。积极推动北京建设成为国际旅游目的地，需要北京能够提供世界一流的服务。第一，在当今大数据技术不断发展的背景下，北京市可以推出数字体验旅游项目，将大数据平台与城市旅游系统全面对接，为每一位游客提供量身定制的服务，从而使游客获得愉快的旅游体验。第二，提升北京市内住宿行业的旅游竞争力。增加市内高品质酒店的数量，酒店各项指标需要符合国家标准，为国际游客提供舒适的入住环境。第三，提升服务人员的服务质量和素质。服务人员能够提供高质量服务并且具备一定的英语沟通能力。第四，提升北京餐饮行业的旅游竞争力。北京拥有很多独具特色的餐厅，可以通过大数据平台推广北京特色餐饮服务。

5. 推出具有世界影响力的品牌宣传活动

积极推动举办北京市城市品牌宣传活动。一个城市要在国际上产生影响力，必须拥有自己的特色和品牌。2008 年北京奥运会的成功举办，为北京塑造城市品牌提供了历史性机遇，极大地提升了城市品牌影响力，在国际社会上享有盛誉。以奥运会的成功举办为起点，把北京打造成为国际交往中心，北京市要推出独具特色并且在国际社会上有影响力的活动。现有的在北京举办的两个大型活动是北京马拉松赛事和北京国际电影节。北京马拉松赛事是中国田径协会市场化程度最高、规模最大、最具代表性的单项赛事，已发展成为具有国际影响力的传统体育赛事。每年，来自世界各地的选手报名参加北京马拉松，体育无国界，不同种族、不同肤色的跑者齐聚北京共同参加这一盛大的体育赛事。北京马拉松既为世界各地的跑步爱好者提供了一个展示自己的机会，又为他们提供了一个互相交流的平台，从而促进了人际交往。

北京将成为国际电影产业聚集地。电影节作为一个国际性的品牌文化活动对于城市形象的打造具有极大的促进作用。例如，戛纳因举办国际电影节而成为著名城市，不少人慕名前往。电影节也可以作为一种软实力资源，提升城市的国际知名度。但是北京电影节在影响力上与其他知名电影节如柏林国际电影节和威尼斯国际电影节相比还有一定的差距。要提高北京国际电影节的影响力和知名度，仅靠国内媒体的报道是远远不够的，要加大全球规模的媒体报道力度，通过世界级通讯社如法新社、路透社等，进行大规模密集报道。世界级通讯社拥有遍布世界各地的通讯网，以其先进的技术手段快速地向媒体发布信息，每日发稿量巨大，对于左右国际舆论起到了一定的主导作用。北京国际电影节设立的“天坛奖”奖项在国际上还缺乏一定的权威性，因此应努力邀请国际权威专业人士参与评奖，积极引进高质量影片，提高电影节整体学术质量，为将北京打造成为国际电影产业聚集地助力。

借助中国传统节日打造北京独特风俗文化品牌活动。北京作为全国的政治经济文化中心，是一座有着悠久历史的文化名城，拥有独特的城市优势，其丰厚的文化底蕴是很多城市无法比拟的。北京可以通过打造有本土特色的文化品牌活动，如增设节日庆典等，在借鉴巴西狂欢节成功举办经验的基础上，保留传统的文化内涵，在形式上与国际接轨，争取把传统节日打造成为世界人民共享的盛会。

四　宽视角、跨学科的生态绿色共建推动建设生态交往功能

1. 推动创设国际首都生态文明联盟

创建国际首都生态文明交流中心。充分利用中国生态文明发展的引领示范优势，以北京为依托，以国际首都为区域联系节点，推动建立国际首都生态文明联盟，组织开展首都生态文明理论和实证研究，定期举办国际首都生态文明建设高峰论坛，开展生态文明建设国际合作交流活动，推动国际首都间的生态文化交流更加广泛深入，以宣传生态文明理念，普及生态文化知识，传播绿色生产、生活方式，引导绿色消费。国际首都生态文明联盟通过国际首都之间的密切对话、交流与合作，共同开展生态文明理论体系、技术体系和技术转化等研究，积极整合生态文明相关资源，共享生态文明建设发展的成果，以联盟为组织纽带，着力

开展国际首都生态文明文化研究、教育体系构建、生态文明共享平台开发、生态文明联盟门户网站建设、生态文明实践基地建设等方面的工作。

优先开展“一带一路”绿色发展交流活动。以“一带一路”建设为契机，大力推进“一带一路”沿线国家首都绿色发展，充分利用中国与联合国环境署共同启动组建“一带一路”绿色发展国际联盟的有利时机，将“一带一路”首都联盟作为国际首都生态文明联盟的重要先导，推动第二届“一带一路”国际合作高峰论坛成果清单落实，使国际首都生态文明联盟成为专业领域多边合作平台，积极推动政策对话和沟通，推动绿色技术交流与转让，推动绿色发展理念落地，深化环保合作，倡导低碳、循环、可持续的生产生活方式，以有力的举措打造绿色丝绸之路。

2. 积极倡导生态跨界对话

积极通过生态跨界对话促进生态交流活动展开。生态绿色可持续发展是人类共同面临的挑战，同时也是多领域、多行业共同关注的重大问题，开展多领域、多行业跨界对话成为汇集大家智慧、共谋绿色发展的主要形式。积极筹办以“生态文明建设跨界对话”为主题的交流会，以两界、多界等多种形式邀请世界范围内生态保护方面的科学家、商界精英、社会人士及其各方代表共同讨论生态文明建设，并逐渐使生态跨界对话机制化、定期化，促进跨界交流合作的形成，加强生态交往功能建设。在文化和生态文明系统中，有很多的碰撞，这些碰撞在国际生态层面上相互促进和发展，推动文化和生态文明的对话，为人类文明的进步做出贡献。

创建生态交流、合作、创新的全球中心和示范基地。以生态跨界对话为媒介，联通生态绿色发展的全领域、全行业的参与渠道，促进生态与产生融合发展，推动北京成为生态理念、生态技术、生态集成、生态应用、生态教育的全球创新中心，逐步形成以北京为中心的全球和区域生态文化、产品和技术供应链体系，把北京打造成为世界生态文明的重要高地和示范基地，吸引世界范围内的政府、企业、社团、人才聚集交流，形成政界、商界、学界、艺术界等多界融合发展的全新局面。

3. 与绿色组织开展广泛合作

积极扩大与国际组织的合作。积极推动与国际绿色和平组织、联合国绿色经济发展联盟组织等具有国际影响力的组织的合作和交流，承办由绿色组织主办的多层次国际会议，全面拓展与国际绿色组织的交流领域和形式，广泛扩大北京的绿色影响力，推动北京成为绿色经济的倡导者、资源要素的整合者、发展转型的推动者，积极参与绿色组织的生态绿色发展项目，推动与绿色组织的深度合作，最终推动全球绿色经济发展，营造世界和平、绿色文明的国际经济环境。

加强国内绿色基金组织与国外基金组织的合作。特别关注“一带一路”沿线国家面临的重大生态问题，积极启动“一带一路”生态治理国际合作基金项目，在国际范围内广泛动员企业、机构等各类法人与组织捐赠善款，以项目建设的方式在丝路沿线国家和地区开展生态治理工作，发展生态产业，促进生态环境改善和推进区域生态扶贫，共同推动国际绿色发展，造福“一带一路”沿线国家和地区的人民。积极启动广泛的合作伙伴关系，推动沿线国家民间组织在生态治理领域深度合作交流，促进各方分享先进治理技术、治理模式、治理方案、政策措施，有效加强“一带一路”沿线国家乃至全球生态保护，为实现可持续发展目标做出新的更大贡献。

4. 积极承办绿色会展活动

积极承办高级别的绿色会展活动。以绿色发展为主题，坚持国际性、先进性、公益性和科普性相结合的原则，大力举办多行业绿色产品、绿色技术、绿色文化等国际会展活动，积极承办中国绿色产业和绿色经济高科技国际博览会，逐步打造具有国际影响力的绿色品牌，推动行业供应链交流、渠道端与消费端对接、企业品牌营销，为中外企业增进交流创造商机、提供平台，普及环境保护和生态文明理念，展示中国政府在应对气候变化和发展绿色经济方面的决心和行动力。

继续发挥世园会绿色传播的作用，建设世界绿色发展示范基地。继续发挥北京世界园艺博览会的作用，积极传播不同国家和组织的独特生态魅力，推动世界范围内绿色发展方式和生态文明的对话，推进环保科技创新，展现科技与创新的力量，依托科技与文化、科技与园艺打造以科技与未来为主题的系列活动，通过“科技+文化”“科技+园艺”双轮驱动，引领人们更好地体验绿色生活，使生态文明理念、绿色发展方式深入人心，推动绿色环保教育深入开展。

五　高集成、大平台的科技互联共享推动建设科技交往功能

1. 推动建设“一带一路”智慧城市联盟

优先发展“一带一路”区域智慧城市系统。智慧城市作为现代城市发展的重点方向，得到世界各国和地区的普遍重视和关注。全球各主要国家的政府部门认识到，发展智慧城市在促进城市基础设施更加智能、公共服务更加便捷、社会管理更加精细、生态环境更加宜居、产业体系更加优化等方面具有重要的意义，各国已从政府制定政策规划等方面给予高度的重视。“一带一路”智慧城市联盟应运而生。与以往智慧城市组织不同的是，“一带一路”智慧城市联盟致力于打造智慧城市交流平台。目前，世界上智慧城市标准化的组织机构包括 IEC 成立的市场战略局智慧城市特别工作组、智慧城市系统评估组 SEG1，ISO 成立的智能社区基础设施分技术委员会 TC268/SC1，ITU-T 的智能可持续城市特别工作组 FG SSC，ISO/IEC JTC1 的智慧城市研究组 SG1 等；[①] 我国参与智慧城市国际标准化工作的主要组织有全国信息技术标准化技术委员会（SAC/TC28）对口 ISO/IEC JTC 1；全国通信标准化技术委员会/中国通信标准化协会（SAC/TC485）对口 ITU-T 3；中国城市科学研

① 舒印彪、范建斌：《智慧城市标准化工作进展》，《电网技术》2014 年第 10 期，第 2617~2623 页。

究会、全国智能建筑及居住区数字化标准化技术委员会（SAC/TC426）对口 ISO/IEC TC268/SC14，协同推进智慧城市建设工作的标准国际化。中国的国家智慧城市标准化推进工作组应积极对接上述组织，每年引进标准化文件，输出具有中国特色的智慧城市建设经验，在智慧城市建设初期建立标准化、国际化的系统规则，方便后期与国际系统对接。

积极建设智慧城市发展的创新高地和交流中心。北京应积极对接相关国际组织，主动承担智慧城市白皮书发布等活动，承担智慧城市建设试点任务，建立智慧城市指挥中心，搭建智慧城市战略系统。北京可作为全国智慧城市、“一带一路”智慧城市联盟的指挥中心，与智慧城市联盟中其他城市共同制定标准，组织观摩活动，促进智慧城市建设中城市之间的交流学习，提高科技交往能力。

2. 推进全球科技创新生态系统形成

以生态系统视角推动建设全球科技创新和交流中心。科技创新生态系统是一种参照生物学生态系统的科技创新系统，在生物学中，生态系统由无机环境和生物群落两部分组成。无机环境是指非生物的物质和能量，如水、阳光、空气等。生物群落包括生产者、消费者和分解者，其中生产者可以将简单的无机物合成为复杂的有机物，分解者可以将有机物分解为无机物，从而实现物质与能量循环。这与科技创新生态系统的结构相似。在科技创新生态系统中，生产者通常为先驱企业、高校、科研机构、供应商、经销商和用户，消费者对应先驱企业和跟随企业，分解者对应用户和风投公司，无机环境对应政府、市场和产业文化，无机物为资金，有机物为创新点、技术、产品和服务等。在科技创新生态系统中，创新是核心部分，因此创新主体是主要的生产者，进行核心技术、产品及服务、商业模式等创新。

打造多领域全球集成创新平台和共享平台。把科技创新生态系统全球化，建立以北京为中心的科技创新中心系统，搭建融产品创新、制度创新、人才创新为一体的中心系统平台，搭建生产者、消费者和分解者的集中信息通路，快速满足创新需求、加速创新技术落地。提供健康良好的无机生态环境，聚集生产者，领导企业、科研院所共同研发，提供消费渠道，加快分解流程。所以科技创新生态系统必须拥有良好的无机生态环境和快速运行的生态链。良好的无机生态环境意味着这里有大量的资金流动，并且资金能够以最优的速度进行配置，这需要大量的金融中介参与服务，这样研发机构才能迅速拿到投融资。同时应建立优良的营商环境：廉洁高效的政府、公平的市场和健康的产业文化。快速运行的生态链意味着北京必须建立大量科技中介，将研发成果转化为产品、服务、商业模式等。可每年在京举办科技创新研发大会，在会上发布科技创新需求等白皮书，面向全球征集研发计划，将全球高精尖资源整合配置，倡导共同研发，提供投融资渠道，营造良好的研发环境。

3. 推动建设国际科技组织

推动具有国际影响力的学术组织形成。目前官方的科技组织有亚太空间合作组织（APSCO）、国际科学理事会（ICSU）、世界工程组织联合会（WFEO）等。全国学会各学科领域密切相关的国际民间科技组织有 606 个，核心级别和重要级别的国际民间科技组织共有 351 个，其中核心级别的国际民间科技组织为 97 个，重要级别的为 254 个。在华举办过核心或重要国际民间科技组织大型活动的学会数量、参加核心或重要国际民间科技组织举办的大型活动的学会数量，以及申办过核心或重要国际民间科技组织大型活动的学会数量分别为 115 个、108 个和 101 个，各自占反馈学会总量的 89.8%、84.4%和 78.9%。[①] 由此可见，大部分全国学会参加或申办过学科领域内国际民间科技组织大型活动，说明全国学会在国际科技界具有一定的影响力。但总体而言，全国学会的学术实力和国际影响力还比较弱。在北京建立具有国际影响力的学术组

---

① 夏婷、王宏伟、马健铨等：《中国科技组织加入国际民间科技组织的现状、问题及建议》，《中国科技论坛》2018 年第 10 期，第 31~38 页。

织，可以将散布在国内民间科技组织的力量集中起来，申办具有国际影响力的大型学术活动。

聚焦热点领域，积极引入国际民间科技组织。目前国际民间科技组织有 35792 家，占全部国际组织的半数以上，且学科分布相对集中，有 61.72%的国际民间科技组织分布在研究/标准、医学、环境、卫生/健康、运输/通信、产业和基础科学这七大领域之中。[①]应邀请国际民间科技组织加入科技创新生态系统，七大部门对应七大领域，建立部门内的集中研究、各个部门之间的交叉研究机制。成立科技评审组织，建立科技评审机制，突出奖励有重大意义的发现和发明。建立类似诺贝尔奖的奖励机制，举办颁奖大会，奖励突出贡献者。

4. 推动科技论坛活动走向国际化

重点宣传中国北京国际科技产业博览会、中国科技创新发展论坛、中关村论坛等科技活动，打造世界科技品牌活动。要建立中关村论坛“走出去”机制，推出世界品牌宣传活动。该活动应在世界城市中心如新加坡、东京、纽约、伦敦等城市轮办，以调动更多国际企业参与的积极性。此外，还应对接首都经济社会发展联盟和科技创新生态系统成员，举办研究/标准、医学、环境、卫生/健康、运输/通信、产业和基础科学七大领域分论坛。

5. 搭建国际化大数据创新合作共享平台

积极构建服务全球化的大数据合作交流共享平台。结合大数据系统，建立全球科技创新可视化平台，服务科技创新生态系统。以全球地理空间为基础，对科技创新生态系统供给端和需求端的信息进行收集、管理、开发、展示等，实时更新全球科技创新动态，该平台总服务器可设在北京。融合大数据、物联网、云计算、人工智能等新一代信息传播技术和信息应用技术，开拓科技传媒、大数据科技应用的广阔市场，建立大数据科技应用国际化的交流合作机制，形成国际化的大数据科技创新生态系统。

创建安全、统一、高效的国际跨境支付平台。针对世界最大网络支付市场的交易转接清算服务需求，采用先进的分布式云架构体系，推动建设高性能、高可用、高安全、高扩展以及高自主可控和高数据一致的系统全面的高标准的跨境支付网联平台，而中心化、集约化运作的网联平台，可发挥引导作用，促进行业专业化分工，使得支付服务、信息服务、清算服务及银行账户服务有效分离，提升清算效率，降低行业整体成本，实现行业数据有效汇集，有利于构建更加良性、透明、健康的市场环境，强化支付清算体系的风险防控能力，从而加快区域内交流合作和实现共同发展。

6. 推进建设全球网络治理中心

积极创设全球网络安全联盟组织。面对全球日益严重的网络空间安全问题，应充分依托北京国际化大数据共享平台和技术优势，以共商、共建、共享为合作原则，积极搭建全球网络安全联盟组织，及时回应数字经济全球化过程中各国的关切和忧虑，基于组织化的制度运作促进全球网络空间安全机制形成，充分保证在全球化过程中各国网络空间的共同安全。积极推动“一带一路”沿线国家网络治理组织形成，率先利用北京在数字经济领域和大数据技术优势，引导创设“一带一路”沿线国家网络安全联盟组织，共同研发网络安全技术、标准和体系，共同制定网络安全的规则和机制，回应“一带一路”沿线国家发展数字经济过程中的安全关切，促进全球网络治理制度化和有序化。

积极举办全球网络治理论坛。响应各国对网络安全问题的关切，以北京为主会场，举办多层次的双多边的全球网络治理论坛，分步、分层、有序地逐渐解决全球化过程中面临的网络安全和网络连接问题，消除各国日益严重的安全壁垒，加快推动全球化进程和世界和平安全，为世界经济繁荣打下坚实的基础。积极开展中美、中欧、中日等双多边网络治理交流活动，以互联网领域多层次交流与合作扫清彼此之间安全信任缺失和安全壁垒的障碍，妥善处理彼此关注的网络主权问题，在积极、有效的协商对话中找到实现共同安全的方法，在共同发展中实现信息安全可控，以突破目前网络安全对全球化进程的重大干扰。

推动完善全球网络基础服务设施。完善全球网络基础服务设施，积极参与全球根服务器竞争，研发部署全球新一代互联网根服务器和互联网服务平台，率先建设“一带一路”沿线国家全球网络治理服务平台体系，充分调动“一带一路”沿线国家进行深度网络合作的积极性，夯实“一带一路”互联互通的基础。支持中国信息通信技术企业主导国际网络技术标准制定，推动企业技术标准发展成国际标准，提高和扩大企业在信息通信技术行业的地位和影响力。积极推动国际互联网管理机构改革，研发新的网络协议标准、互联网域名管理和运行、网络安全协议标准等前沿课题，破解各国普遍关心的网络主权安全和使用安全等一系列重要问题，从根本上推动北京成为新的全球网络治理中心和全球网络安全枢纽，有力推动世界和平繁荣发展和全球化进程，赢得全球网络治理区域话语权。

六 立体式、利和平的军事沟通协作推动建设军事交往功能

举办具有国际影响力的军事论坛活动。以和平为主题，坚持开放、包容、互鉴、合作的理念，继续扩大北京香山论坛的影响力，将其打造成具有国际影响力的世界瞩目的军事论坛，推动北京香山论坛组织化，通过经常性的桌上对话化解误解和敌对情绪，避免战场上的碰撞和冲突，使之成为平等对话、加强合作、促进安全、加深友谊的渠道和平台，为促进世界和平发展和构建人类命运共同体做出贡献。以北京香山论坛为依托，设立专门的“一带一路”安全议题，加强对“一带一路”沿线国家军事安全合作的关注，对“一带一路”沿线国家存在的恐怖主义和地区冲突问题重点关注，促进“一带一路”沿线国家之间的军事对话和合作，有力缓解地区冲突和促进地区安全稳定。

历届北京香山论坛承办情况（截至 2019 年底）见表 4-3。

表 4-3　历届北京香山论坛承办概况

时间	会议主题、会议规模与主要参与国家
第一届　2006 年 10 月 23-24 日 	会议主题：亚太地区的和平发展与地区安全 会议规模：来自 21 个国外知名智库的 24 位外国代表、国内军内 18 个研究机构的 20 位学者、军事科学院的 50 余位学者 主要参与国家：美国、俄罗斯、英国、法国、瑞典、挪威、罗马尼亚、日本、韩国、印度、巴基斯坦、新加坡、菲律宾、乌兹别克斯坦
第二届　2008 年 10 月 24-26 日 	会议主题：国际安全合作与亚太地区安全 会议规模：23 位外国代表，国外 19 个知名研究机构、国内军内 18 位代表和军事科学院的 23 位学者 主要参与国家：美国、俄罗斯、英国、法国、瑞典、挪威、日本、韩国、印度、菲律宾、泰国、新加坡
第三届　2010 年 10 月 22-24 日 	会议主题：国际战略格局演变与亚太地区安全 会议规模：27 位外国代表与 27 位中方代表 主要参与国家：美国、俄罗斯、英国、法国、德国、瑞典、瑞士、澳大利亚、日本、韩国、印度、巴基斯坦、泰国、蒙古国、孟加拉国
第四届　2012 年 11 月 16-18 日 	会议主题：亚太地区安全：新问题与新思路 会议规模：34 位外国代表、中国各研究机构的 21 位代表 主要参与国家：俄罗斯、美国、法国、德国、日本

续表

时间	会议主题、会议规模与主要参与国家
第五届　2014 年 11 月 20-22 日 	会议主题：合作与共赢：构建亚洲命运共同体 会议规模：47 个国家的国防部或武装部队代表团，4 个国际组织代表和中外专家学者 300 位 主要参与国家：美国、俄罗斯、加拿大、新西兰、秘鲁、墨西哥、泰国、越南、新加坡、沙特阿拉伯、印度尼西亚、澳大利亚、吉尔吉斯斯坦
第六届　2015 年 10 月 16-18 日 	会议主题：亚太安全合作：现实与愿景 会议规模：来自 49 个国家和防务部门的代表团、5 个国际组织的代表团，以及中外政要、专家学者 500 余位 主要参与国家：美国、俄罗斯、英国、法国、德国、日本、马来西亚、柬埔寨、巴基斯坦、塔吉克斯坦、印度尼西亚、越南、新加坡、菲律宾
第七届　2016 年 10 月 11-12 日 	会议主题：加强安全对话合作，构建新型国际关系 会议规模：来自 59 个国家和 6 个国际组织的约 400 位官员、学者 主要参与国家：美国、俄罗斯、英国、法国、加拿大、智利、西班牙、丹麦、德国、澳大利亚、瑞士、新西兰、马来西亚、日本、韩国、伊朗、哈萨克斯坦、巴布亚新几内亚、巴基斯坦
第八届　2018 年 10 月 24-26 日 	会议主题：打造平等互信、合作共赢的新型安全伙伴关系 会议规模：67 个国家和 7 个国际组织的官方代表（包括 16 位国防部长、5 位军队总司令、26 位副部级官员和百余位专家学者） 主要参与国家：美国、俄罗斯、法国、德国、印度、加拿大、日本、韩国、朝鲜、澳大利亚、墨西哥、摩洛哥、新西兰、巴基斯坦、巴布亚新几内亚、沙特阿拉伯、塔吉克斯坦、伊朗、孟加拉国

续表

时间	会议主题、会议规模与主要参与国家
第九届　2019 年 10 月 20-22 日	会议主题：维护国际秩序，共筑亚太和平 会议规模：76 个官方代表团、23 个国家国防部长、6 个国家军队总长、8 个国际组织代表及专家学者和各国观察员等 1300 余位嘉宾 主要参与国家：美国、俄罗斯、新加坡、蒙古国、柬埔寨、尼泊尔、缅甸、韩国、朝鲜、阿联酋、乌干达、埃及

资料来源：作者整理。

积极举办多层次的双多边军事论坛活动。围绕热点问题和热点区域，积极举办不同形式的双多边军事论坛活动，建设双边和多边安全磋商机制，有针对性地解决相关热点问题和热点区域的安全问题，特别是对朝鲜问题、印巴问题、阿富汗问题、恐怖主义等进行专题讨论，充分发挥北京作为首都代表国家参与对外军事交往的重要角色作用，有力提升北京国际影响力和军事交往能力。

国际经济组织分类标准及代表见表 4-4。

表 4-4　国际经济组织分类标准及代表

划分标准	类别	代表
按地域范围划分	全球性	世界贸易组织（WTO）、国际货币基金组织（IMF）、世界银行（WB）、联合国贸易和发展会议（UNCTAD）、联合国粮食及农业组织（FAO）、联合国开发计划署（UNDP）等
	区域性	欧洲联盟（EU）、北美自由贸易协定（NAFTA）、亚洲太平洋经济合作组织（APEC）、东南亚国家联盟（ASEAN）等
按组织功能划分	经济金融领域	亚洲基础设施投资银行（AIIB）、经济合作与发展组织（OECD）、亚太经合组织（APEC）、国际清算银行（BIS）、非洲开发银行（AFDB）、泛美开发银行（IADB）、亚洲开发银行（ADB）、亚欧基金（ASEF）、中国-东盟中心（ASEAN-China Centre）、中日韩三国合作秘书处（TCS）、东盟与中日韩宏观经济研究办公室（AMRO）、西非开发银行（BOAD）、东南非贸易与开发银行（PTA Bank）

续表

划分标准	类别	代表
按组织功能划分	粮食、能源、卫生、海事、民航等领域	国际山地综合发展中心（ICIMOD）、国际移民组织（IOM）、亚太邮政联盟（APPU）、红十字会与红新月会国际联合会（IFRC）、世界动物卫生组织（OIE）、生物多样性公约秘书处（CBD）、国际能源署（IEA）、全球环境基金秘书处（GEF）、国际海底管理局（ISA）、国际奥委会（IOC）
按组织功能划分	知识产权、安全、法律领域	国际刑警组织（ICPO）、上海合作组织（SCO）、上合组织地区反恐怖机构（SCO）、国际船级社协会（IACS）、各国议会联盟（IPU）、国际刑事法院（ICC）、国际海洋法法庭（ITLOS）
	社会、标准制定领域	国际油污基金组织（IOPC Funds）、亚太电信组织（APT）、国际物品编码协会（GS1）、国际实验室认可合作组织（ILAC）、国际认可论坛（IAF）、国际计量测试联合会（IMEKO）、亚太计量规划组织（APMP）、亚太法制计量论坛（APLMF）、国际热带木材组织（ITTO）、国际发展法律组织（IDLO）、国际竹藤组织（INBAR）、国际统一司法协会（UNIDROIT）、国际社会保障协会（ISSA）、联合国大学（UNU）、国际海道测量组织（IHO）、国际航标协会（IALA）、国际搜救卫星组织（COSPAS-SARSAT）、亚洲船级社协会（ACS）
按组织功能划分	科技合作领域	亚太空间合作组织（APSCO）、国际科学理事会（ICSU）、世界工程组织联合会（WFEO）、亚太空间合作组织（APSCO）、平方公里阵列射电望远镜（SKA）、国际热核聚变试验堆组织（ITER）、地球观测组织（GEO）、国际标准化组织（ISO）、国际电工委员会（IEC）、国际法制计量组织（OIML）、国际米制公约组织（BIPM）、国际能效合作伙伴关系（IPEEC）、国际遗传工程和生物技术中心（ICGEB）、亚太工程学会联合会（FEIAP）、国际天文学联合会（IAU）、国际脑研究组织（IBRO）、国际地理联合会（IGU）、国际数学联盟（IMU）、国际摄影测量与遥感学会（ISPRS）、国际生物化学与分子生物学联盟（IUBMB）、国际生物科学联合会（IUBS）、国际晶体学联合会（IUCr）、国际食品科技联盟（IUFoST）、国际林业研究组织联盟（IUFRO）、国际大地测量与地球物理学联合会（IUGG）、国际地质科学联合会（IUGS）、国际材料研究学会联合会（IUMRS）、国际免疫学联合会（IUIS）等

续表

划分标准	类别	代表
按参与方式划分	政府间国际经济组织	世界贸易组织（WTO）、国际货币基金组织（IMF）、世界银行（WB）、联合国贸易和发展会议（UNCTAD）、联合国粮食及农业组织（FAO）、石油输出国组织（OPEC）等
	非政府间的国际经济组织	由个人、民间团体、法人等参加者创建的国际经济组织

资料来源：按地域范围划分和按参与方式划分由作者整理；按组织功能划分参见国际组织人才信息服务网，http://www.mohrss.gov.cn/SYrlzyhshbzb/rdzt/gjzzrcfw/zygjzz/。

后　记

对北京建设国际交往中心进行研究、服务首都城市发展是中国“一带一路”战略研究院工作的重要方向。在新时代牢固确立首都城市战略定位、新型全球化重塑世界格局的重要背景下，本书定义了国际交往中心的概念与内涵，并对北京建设国际交往中心做了有益探索，由此建立了“钻石同心圆”城市发展理论模型，是一次理论创新的尝试。

从确立研究框架，到调研和讨论，研究院张耀军、兰晓、余金艳、薛海丽、张钦、白雪、郭艳军、王瑞平等老师以非凡的智慧付出了辛勤的劳动，李晴、郭雪华、李燕、朱英英、曹伟、张贺、焦思盈、安然、肖轩昂等研究生参加了材料搜集、数据加工、案例分析的工作。

本书的研究得到了国家社科基金重大项目“系统规划设计‘一带一路’互联互通研究”（批准号 18VDL001）和北京社科规划重点项目“国家一带一路战略推进北京国家文化中心建设提速创新支撑平台研究”的经费支持。

梁昊光

2020 年 3 月 22 日

图书在版编目(CIP)数据

北京国际交往中心总论 / 梁昊光等著. -- 北京 : 社会科学文献出版社, 2020.4
(北京国际交往中心建设研究丛书)
ISBN 978-7-5201-6258-6

Ⅰ. ①北… Ⅱ. ①梁… Ⅲ. ①国际交流-研究-北京 Ⅳ. ①D827.1

中国版本图书馆 CIP 数据核字(2020)第 029051 号

北京国际交往中心建设研究丛书
北京国际交往中心总论

著　　者 / 梁昊光 等

出 版 人 / 谢寿光
组稿编辑 / 张　萍　祝得彬
责任编辑 / 张　萍

出　　版 / 社会科学文献出版社 · 当代世界出版分社 (010) 59367004
地址: 北京市北三环中路甲 29 号院华龙大厦　邮编: 100029
网址: www. ssap. com. cn
发　　行 / 市场营销中心 (010) 59367081　59367083
印　　装 / 三河市尚艺印装有限公司

规　　格 / 开　本: 787mm × 1092mm　1/16
印　张: 12　字　数: 164 千字
版　　次 / 2020 年 4 月第 1 版　2020 年 4 月第 1 次印刷
书　　号 / ISBN 978-7-5201-6258-6
定　　价 / 98. 00 元

本书如有印装质量问题, 请与读者服务中心 (010-59367028) 联系